Bettina Börgerding

Benjamin Blümchen
Das Buch zum Film

Bibliografische Information der Deutschen Nationalbibliothek
Die Deutsche Nationalbibliothek verzeichnet diese Publikation
in der Deutschen Nationalbibliografie;
detaillierte bibliografische Daten sind im Internet
über http://dnb.d-nb.de abrufbar.

Noch mehr Freude ...
... mit Kinderbüchern für pures Vergnügen!
www.arsedition.de
Das Neuste von arsEdition im Newsletter:
abonnieren unter www.arsedition.de/newsletter

MIX
Papier aus verantwortungsvollen Quellen
FSC® C002795

© 2019 arsEdition GmbH, Friedrichstraße 9, 80801 München
Alle Rechte vorbehalten

»Benjamin Blümchen« Film
© 2019 Westside Filmproduktion GmbH, Krefeld
© 2019 KIDDINX Studios GmbH, Berlin
Redaktion: Gabi Salomon / Jutta Dahn
Lizenz durch KIDDINX Media GmbH, Lahnstraße 21, 12055 Berlin
Text: Bettina Börgerding
Covergestaltung: Grafisches Atelier arsEdition
Layout: Achim Münster, Overath

ISBN 978-3-8458-2746-9

www.arsedition.de

Bettina Börgerding

Benjamin Blümchen
Das Buch zum Film

arsEdition
ENTERTAINMENT

FERIENBEGINN

Noch herrschte Ruhe an diesem Sommermorgen im Neustädter Zoo. Die Tiere genossen die Morgensonne, putzten ihr Fell oder Gefieder und knabberten an ihrem Futter. Gerade erst hatte Frau Meier, die Zookassiererin, ihre Kasse geöffnet, als ein alter, vollgepackter Minibus das Zootor erreichte.

Im nächsten Augenblick sprang Otto gut gelaunt aus dem Auto. Er trug seine Lieblingsjeans und ein gelbes T-Shirt und unter seinem Arm klemmte ein Skateboard.

Auch seine Eltern stiegen aus. Während Vater Ottokar einen prall gefüllten Rucksack aus dem Gepäckfach kramte, nahm Mutter Ortrud ihren Sohn zum Abschied liebevoll in den Arm.

»Pass gut auf dich auf, mein Schatz. Und ruf sofort an, wenn irgendwas sein sollte.«

Otto nickte brav. »Klar, mach ich.«

»Schatz, Otto ist doch kein kleiner Junge mehr«, sagte Ottos Vater zu seiner Frau und reichte seinem Sohn den Rucksack. »Im Notfall die 110; in schlimmeren Fällen direkt die 112 anrufen, okay?«, ermahnte er scherzhaft seinen Sohn.

»Was denn für schlimmere Fälle?«, wollte Ottos Mutter wissen.

Ottokar zuckte mit den Achseln. »Was weiß ich, wenn es brennt, wenn sich jemand verletzt, Blitzschlag, Erdbeben, Reaktorunglück ... solche Dinge eben!«

»Was?« Ottos Mutter sah ihren Mann verdutzt an.

»Mama, Papa!«, rief Otto. »Ich bin die ganzen Sommerferien über hier im Zoo, bei Benjamin. Was soll da schon passieren?«

»Du hast recht«, sagte seine Mutter und lächelte ihn erleichtert an.

Seine Eltern umarmten ihn und verabschiedeten sich mit einem Kuss.

»Viel Spaß am Meer!«, rief Otto, stieg auf sein Skateboard und gab Schwung.

Seine Eltern blickten ihm nach, wie er am Kassenhäuschen vorbeifuhr und die Zookassiererin fröhlich begrüßte. »Guten Morgen, Frau Meier!«

»Guten Morgen, Otto!« Frau Meier lächelte.

Da der Zoo wie sein zweites Zuhause war, musste Otto natürlich nicht bezahlen. Er konnte kommen und gehen, wie er wollte.

Das Letzte, was Ottokar und Ortrud von ihrem Sohn sahen, war sein roter Haarschopf, der im nächsten Augenblick im saftigen Grün des Zoos verschwand.

In rasanter Fahrt sauste Otto an den Tiergehegen vorbei zum Zooplatz. Dort war eine Bühne aufgebaut, auf der die Zooband ihre Instrumente stimmte. *Karl & The Zoomaniacs* nannte sich die Band, deren Bandleader Wärter Karl war. Musik war neben der Arbeit im Zoo Karls große Leidenschaft.

Außerdem standen die rasende Reporterin Karla Kolumna und der Zoodirektor Herr Tierlieb auf der Bühne. Aufgekratzt begrüßte Karla Kolumna die an diesem Morgen erst wenigen Zoobesucher auf dem Zooplatz.

»Okay! Hallöchen! Hier spricht Karla Kolumna. Ich begrüße Sie an diesem herrlichen Tag im Neustädter Zoo! Neben mir steht unser Zoodirektor, Herr Tierlieb. Bitte«, übergab sie ihm das Mikrofon.

»Hereinspaziert in unseren Zoo und herzlich willkommen bei unserer Spendentombola«, eröffnete Herr Tierlieb seine kleine Rede. »Gleich spielt unsere Zooband! Liebe Freunde, unterstützt den Neustädter Zoo und kauft Lose!«, ergänzte er und deutete mit einem Lächeln auf die Lostrommel, die für die große Zootombola direkt neben der Bühne aufgebaut war.

»Hallo, Karl, wo ist denn Benjamin?«, wunderte sich Otto, als er die Bühne erreichte.

Achselzuckend erwiderte Karl: »Morgen, Otto!

Ich habe keine Ahnung! Er müsste eigentlich längst da sein.«

»Vielleicht ist er noch zu Hause. Ich schau mal ...«, rief Otto und lief los.

Mit seinem Skateboard unterm Arm rannte Otto, so schnell er konnte, zu Benjamins Haus. Das runde Elefantenhaus thronte auf einem kleinen Hügel und war extra für Benjamin gebaut worden: mit einem riesigen Bett und passenden Möbeln, die groß genug waren für den sprechenden Elefanten.

Schon von Weitem hörte Otto ein seltsames Geräusch: Aus dem Fenster dröhnte ein geradezu elefantöses Schnarchen. Otto spähte ins Innere. Im Bett, gänzlich verborgen von einer karierten Decke, die sich im Rhythmus der Schnarcher hob und senkte, war etwas Großes verborgen. Otto schüttelte lächelnd den Kopf. »Nee, oder? Benjamin, aufwachen!«

Keine Reaktion. Schnell holte Otto ein Zuckerstückchen aus seiner Hosentasche und legte es auf die Fensterbank. Benjamin liebte Zuckerstückchen über alles!

Mit einem Mal kam Leben in Benjamin. Vorsichtig schob sich der Rüssel unter der Bettdecke hervor, schnüffelte und wollte sich gerade schon das Zuckerstückchen einverleiben, als Otto Benjamin zuvorkam und ihm das Zuckerstückchen vor der Nase – oder besser: dem Rüssel – wegschnappte.

Die Decke wurde zurückgeschlagen und ein verschlafenes Elefantengesicht erschien.

»Guten Morgen, Otto!«, strahlte Benjamin seinen Freund an. »Habe ich da gerade Zucker gerochen?«

Otto grinste frech. »Was, Zucker? Nö, das musst du geträumt haben.«

Benjamin gähnte. »Oh, na gut. Dann schlaf ich noch ein bisschen.«

Denn außer Zuckerstückchen mochte er nichts lieber, als faul zu sein!

Schnell lief Otto ins Haus und zog an der Bettdecke. »Nein, Benjamin! Du musst sofort aufstehen. Karl und die anderen warten schon auf dich!«

Schläfrig schielte Benjamin auf den Wecker auf seinem Nachttisch. »Wieso, es ist doch erst 6 Uhr! Viel zu früh!«

»Nein«, musste Otto ihn korrigieren und stellte den umgekippten Wecker in die richtige Position: »Es ist schon Viertel nach neun!«

»Ach ja? Du hast recht. Viertel nach neun. Erst Viertel nach neun …« Benjamin wollte schon wieder einschlafen, doch dann hob er seinen Kopf und wagte einen erneuten Blick auf den Wecker.

Schlagartig hellwach, sprang er auf. »Uh! Schon Viertel nach neun! Auweia! Ich komme viel zu spät! Oje, oje! Die anderen warten doch alle auf mich!«

Eilig stolperte er im Schlafanzug zum Kleiderschrank und riss alle möglichen Kleidungsstücke heraus.

»Was soll ich nur anziehen?«, murmelte Benjamin. Wo war nur seine rote Jacke? Und seine rote Mütze? Als er kurz entschlossen aus der Tür rennen wollte, hielt Otto ihn auf.

»Benjamin, willst du so aus dem Haus?«, fragte er lachend.

Erst als Benjamin an sich herunterblickte, sah er, dass er immer noch seine geblümte Schlafanzughose trug.

»Auweia!«, rief der Elefant.

Endlich fertig, setzte sich Benjamin seine rote Kappe auf und stürmte aus dem Haus. Dabei trat er versehentlich auf Ottos Skateboard. »Uiuiui!«

Der Elefant versuchte sein Gleichgewicht zu bewahren, während das Skateboard unter seinen Füßen den Hügel hinabsauste – mit ihm darauf!

DAS FLIEGENDE MÄDCHEN

In der Zwischenzeit hatten Karl und seine Band bereits mit ihrem Auftritt begonnen.

»Auf 'ner schönen grünen Wiese,
liegt ein großer grauer Berg«,

sangen sie den bekannten Song.

»... streckt die Beine in den Himmel,
neben ihm, da steht ein Zwerg.
Nein, der Zwerg, das ist ja Otto
und der Berg ein Elefant.
Er ist freundlich und kann sprechen
und ist überall bekannt.
Und liegt gerne in der Sonne,
um ihn rum, da schwirren Bienchen.
Benjamin Blümchen!«

Genau in diesem Augenblick kam Benjamin angeschossen. Seine wilde Skateboardfahrt endete auf der Bühne, er schlug einen Riesenpurzelbaum und landete dann hinter der Bühne auf allen vieren.

Langsam rappelte er sich wieder auf, rückte seine Kappe zurecht und sagte verlegen: »Da war ich wohl ein bisschen zu schnell.«

Die Zuschauer waren erschrocken zurückgewichen, während Herr Tierlieb nach Worten rang. Nur ein kleines Mädchen blieb mit weit aufgerissenen Augen vor Benjamin stehen.

»Oh, mein Eis!«, weinte sie.

Vor Schreck war ihr das Eis aus der Hand gerutscht und lag nun auf dem Boden.

»Nicht weinen!«, rief Benjamin.

Kurz entschlossen schnappte er sich ein Bündel Luftballons, das als Deko befestigt war, und reichte es dem Mädchen. Die Kleine strahlte Benjamin freudig an.

Atemlos kam Otto angerannt. »Benjamin! Ist was passiert?«

Benjamin nickte. »Na ja, ich hab das kleine Mädchen erschreckt! Aber es hat sich wieder beruhigt.«

»Welches Mädchen?«, fragte Otto.

Benjamin drehte sich um. Das Mädchen stand nicht mehr dort, wo es eben noch gestanden hatte, sondern schwebte mit den Ballons in der Hand gen Himmel Richtung Zoospielplatz. Erschrocken sah Benjamin ihm hinterher.

»Huhu, Mama! Guck mal, ich kann fliegen!«, rief das Mädchen seiner Mutter fröhlich zu.

Erschrocken blickte die Mutter zu ihrer Tochter hinauf.

»Mia! Komm sofort wieder runter!«

»Oje! Was machen wir jetzt?«, fragte Benjamin verzweifelt.

Otto zog Benjamin zum Spielplatz.

»Da kommt sie schon angeflogen«, sagte Benjamin, während Otto sich hektisch umsah.

Auf einer Bank saß eine ältere Dame und strickte.

»Darf ich die mal kurz ausleihen?«, fragte Otto und griff nach einer ihrer Stricknadeln.

Die Frau nickte überrascht.

Otto lief zur großen Wippe auf dem Spielplatz und rief Benjamin zu: »Du musst mich hochkatapultieren! Wir müssen uns beeilen, sonst verpasse ich sie.«

»Okay, bist du sicher?« Benjamin sprang mit seinem Elefantengewicht auf die eine Seite der Wippe. Otto auf der anderen Seite wurde mit

Schwung nach oben katapultiert, direkt in den Wipfel eines hohen Baums.

Otto robbte bis ans Ende eines Astes, der sich bedenklich nach unten bog. Er streckte sich noch ein bisschen … und stach mit der Stricknadel in die Ballons. Einen nach dem anderen ließ er platzen.

Benjamin feuerte ihn an. »Gut! Weiter so, Otto!«

Endlich schaffte Otto es, so viele Ballons zu zerstechen, dass Mia langsam wieder hinabsank. Ihre Mutter nahm sie erleichtert in Empfang.

Benjamin jubelte. »Du hast es geschafft!«

»Ja. Nur, wie komm ich hier wieder runter?«, rief Otto. In diesem Augenblick brach der Ast, auf dem er saß, mit einem lauten Knacken ab – und Otto fiel in die Tiefe.

Entschlossen trat Benjamin einen Schritt nach vorn, fing Otto sicher auf und setzte ihn mit Schwung wieder auf den Boden.

Otto sah Benjamin begeistert an. »Boah, das war jetzt aber echt …«

»Richtig cool!«, fand auch Benjamin.

»Ich glaub, das werden die besten Ferien aller Zeiten! Wir können so viele tolle Sachen machen!«, rief Otto.

Benjamin nickte. »O ja! Zum Beispiel … Eis essen.«

»Und zelten!«, sagte Otto.

»Schokoeis!«, fiel Benjamin ein.

»Und Boot fahren!«, erwiderte Otto.

Benjamin seufzte zufrieden. »Und Vanille.«

Otto grinste. »Oder ein Lagerfeuer.«

Benjamin grinste ebenfalls. »Und natürlich ... Eeeeerdbeeereis!«

Die beiden Freunde klatschten sich ab.

»Du bist echt mein bester Freund!«, bemerkte Otto glücklich.

Benjamin antwortete: »Du nicht!«

Überrascht sah Otto ihn an. »Häh ... was?«

Benjamin grinste. »Du bist mein allerbester Freund!«

Die beiden lachten.

NEUE ZOOBESUCHER

»Eiei …« Seufzend überprüfte Herr Tierlieb die Einnahmen der Tombola. »Das reicht ja nicht mal, um die kaputten Sitzbänke zu reparieren. Wenn das so weitergeht, dann …« Herr Tierlieb stockte.

»Dann …?«, hakte Benjamin nach, der mit Otto zu ihm getreten war.

Herr Tierlieb schüttelte den Kopf. »Ach, nichts!«

Er verstaute die Münzen in seinem Portemonnaie und ging.

»Oh, oh! Wenn Herr Tierlieb ›ach, nichts‹ sagt, ist es besonders schlimm. Meinst du, der Zoo muss bald schließen?«, fragte Benjamin.

Erschrocken sah Otto ihn an. »Was? Nein, das darf auf keinen Fall passieren! Dagegen müssen wir was unternehmen!«

Benjamin nickte. Sein Blick fiel auf eine Bank, die ganz morsch und löchrig war. Warum nicht gleich damit anfangen?

Kurz darauf sah man die beiden Freunde, wie sie ein langes Bankbrett befestigten. Mit heftigen Schlägen hämmerte Benjamin den letzten Nagel in das Brett.

»So! Fertig!« Zufrieden setzten sich die beiden auf die Bank. Doch schon im nächsten Augenblick brach die Bank zusammen; Benjamin war einfach zu schwer! Benjamin grinste. »Hoho! Für mich braucht man extradicke Nägel.«

Die beiden wollten sich gerade erneut an die Arbeit machen, als aus dem Gebüsch ein Periskop in die Höhe fuhr.

»Was sehe ich denn da ... einen *Loxodonta africana* ... und einen *Homo sapiens*!«

»Loxo... was?«, fragte Otto.

Aus dem Gebüsch tauchte ein Mann auf. Er grinste breit, hatte wirre, weiße Haare, eine runde Brille und trug einen beigen Hut. In der Hand hielt er das Periskop und ein altes Tonbandgerät.

Erfreut erklärte er: »Ein Mensch und ein Elefant, sogar befreundet! Höchst erstaunlich!«

»Wieso?«, fragte Benjamin. »Erstaunlich wäre es, wenn Otto und ich keine Freunde wären. Wir sind nämlich schon immer Freunde!«

»Gestatten, mein Name ist Weiß, Walter Weiß«, stellte sich der Mann aus dem Gebüsch vor.

»Ich bin Benjamin und das ist Otto. Was machen Sie denn da?«, wollte Benjamin wissen.

»Observieren!«

»Obser... was?«

»Zum Beispiel den *Gracula religiosa* oder auch den *Ara macao*!«

Benjamin verstand nur eins. »Kakao?« Er liebte Kakao!

Walter korrigierte ihn. »Macao.«

Otto grinste. »Ich glaube, er meint Papageien.«

»Ganz genau«, bestätigte Walter und spielte eine Aufnahme mit Papageienstimmen ab. Aufmerksam lauschte er, als ob er verstehen könnte, was sie sagten.

»Und was genau servieren Sie da?«, fragte Benjamin.

Walter Weiß verbesserte ihn erneut. »Observieren. Also, heimlich ausspionieren.«

Benjamin war begeistert. »Spionieren? Wie ein Geheimagent?«

»Das war ich früher mal«, wiegelte Walter ab.

»Sie waren Geheimagent? Echt?«, fragte Otto.

»Na ja, ist schon lange her«, antwortete Walter, während er an den Knöpfen seines Tonbandgerätes drehte. »Ich könnte Geschichten erzählen … Aber die will ja keiner mehr hören.«

Benjamin schüttelte den Kopf. »Kann ich mir nicht vorstellen.«

»Meine Mission ruft. Es war mir eine Freude!« Walter nickte ihnen zu und kroch wieder ins Gebüsch.

»Tschüss, Walter«, rief Benjamin.

Otto sah ihm hinterher. »Glaubst du, dass der früher ein echter Spion war?«

Benjamin zuckte mit den Achseln. »Andere waren Busfahrer, Bäcker oder Lehrer und Walter war früher eben ...«

»... ein Geheimagent. Na klar«, ergänzte Otto.

In diesem Moment tauchten auf dem Zooplatz der Bürgermeister, sein Sekretär Pichler und eine Frau auf. Die Frau trug einen knallroten Hut mit Plastikobst-Verzierungen.

»Das ist ja hier wirklich sehr, sehr ... wie soll ich sagen ... grün! Und diese ganzen süßen Tiere überall!«, säuselte sie.

»Nicht wahr?«, pflichtete Sekretär Pichler ihr bei.

»Diese Tiere sind wirklich phäno–«

»Pichler!«, unterbrach der Bürgermeister ihn. Wenn hier jemand das Wort führte, dann er. »Ich hoffe, ich habe nicht zu viel versprochen«, sagte er lächelnd zu der Frau.

»Nein, nein«, erwiderte diese. »Das alles hier hat großes Potenzial!«

Benjamin und Otto beobachteten sie erstaunt.

»Potenzial?«, fragte Benjamin.

»Hatten wir in Mathe, hab ich aber vergessen. Kennst du die Frau?«, antwortete Otto.

Benjamin schüttelte den Kopf.

Neugierig folgten sie der Gruppe. Die steuerte Herrn Tierlieb an. Der betrachtete gerade gedankenverloren ein von kleinen Zoobesuchern selbst gebasteltes Segelboot in einer Wassertränke.

»Gute Nachrichten, Herr Tierlieb!« Der Bürgermeister fackelte nicht lange. »Ich habe Frau Zora Zack beauftragt, hier Modernisierungsarbeiten durchzuführen!«

Herr Tierlieb wirkte überrascht. »Tatsächlich? Und wann?«

Zora Zack antwortete: »Wir werden heute Abend bereits die nötigen Vorbereitungen dafür in die Wege leiten.«

»Das ist sicher in Ihrem Interesse. Der Zoo wirft doch seit Jahren keinen Gewinn mehr ab!«, fügte der Bürgermeister hinzu. »Und ich als Bürgermeister trage schließlich die Verantwortung dem Steuerzahler gegenüber. Sie verstehen ...«

Zora Zack stutzte, als ihr Blick auf ein großes Loch in der Außenmauer des Zoos fiel. »Was ist denn das? Da kann ja jeder durch!«

»Na ja. Eigentlich nur Kinder!«, antwortete Herr Tierlieb.

Zora Zack musterte ihn streng. »Kinder sind also kein ›jeder‹?«

»Äh«, machte Herr Tierlieb.

»Dann sollten sie auch bezahlen wie ›jeder‹!«, forderte Zora Zack.

»Genau«, bestätigte der Bürgermeister kriecherisch. »Also, Zustände sind das hier!«, tat er empört.

Die kleine Gruppe ging weiter zum Affengehege, in dem Alfred Affe auf einem Kletterbaum saß und sie interessiert beobachtete.

»Und so viel Platz überall! Toll! Aber wissen Sie auch, was Ihre süßen Tiere den lieben, langen Tag

so machen? Wo sind Videoüberwachung, Live-Chat, die interaktiven Möglichkeiten? Sie müssen in die Zukunft blicken, Herr Tierlieb! Und fehlt hier nicht auch was?« Zora Zack machte mit ihren Händen merkwürdige zackige Gesten.

Sekretär Pichler schaute sie verwirrt an. »Äh ...?«

»Stäbe? Käfige?«, erklärte Zora Zack.

Herr Tierlieb blickte verdutzt. »Das ist bei uns nicht nötig.«

»Herzallerliebst.« Zora sah Herrn Tierlieb eindringlich an. »Aber auch ein wenig, entschuldigen

Sie den Ausdruck, naiv. Denken Sie an die Sicherheit.«

»Aber unsere Tiere sind sehr friedlich«, stammelte der Zoodirektor hilflos.

Zora Zack war jedoch noch nicht am Ende. »Na, ich denke dabei auch an die Tiere. Sie wollen doch bestimmt nicht, dass ...«

»Also ich fühl mich sicher, auch ohne Gitterstäbe«, unterbrach Benjamin sie.

Erstaunt drehte sich Zora Zack um und starrte Benjamin an.

Der Elefant bekräftigte unter ihrem bohrenden Blick: »Hab noch nie vor irgendwem Angst gehabt!«

Otto pflichtete ihm bei: »Ja, den Tieren geht's hier doch total super so. Sie brauchen keine Käfige.«

Zora Zacks Augenlider flatterten aufgeregt. Dann ging ein Lächeln über ihr Gesicht. »Benjamin Blümchen! Von dir habe ich schon ganz viel gehört!«

»Ach so?«, fragte Benjamin und riss erstaunt die Augen auf.

Zora Zack nickte. »Und nur sehr, sehr Gutes! Du bist groß, kannst sprechen, jeder kennt dich. Und

bist du überhaupt ein Tier?« Sie lachte auf. »Oder nicht eher ein Mier? Eine Mischung aus Mensch und Tier?« Sie lachte laut über ihren eigenen Witz.

Ihr Blick fiel auf Otto. »Und wer bist du, Kleiner?«

Kleiner? Otto glaubte, nicht richtig zu hören. Benjamin sprang ihm zur Seite.

»Das ist mein bester Freund Otto. Otto hilft hier im Zoo. Gerade haben wir diese Bank dahinten repariert!«

»Ach, süß!«, hauchte Zora Zack mitleidig und sah Otto fest an. »Was für ein süßer, süßer, kleiner Tropfen auf dem heißen Stein. Und du glaubst, damit werdet ihr den Zoo retten?«

In der Zwischenzeit war Alfred Affe über den Baum im Gehege zu ihnen hinübergelaufen. Neugierig betrachtete er die Plastikbanane auf Zoras Hut. Die wollte er haben! Geschickt sprang er auf Zoras Schulter und riss ihr die Banane samt Hut vom Kopf.

»Uuuuuuuuuu!«, machte er freudig und sprang mit seiner Beute davon.

»Ein Affe!«, schrie Zora Zack. Sie rastete völlig aus, während sie ununterbrochen nieste. »Hatschi! Hatschi!« Eilig zückte sie ein Spray und sprühte es sich hektisch in den Mund, während sie weiternieste. »Hatschi!«

»Alfred!«, versuchte Herr Tierlieb die Situation zu beruhigen.

»Machen Sie doch mal was«, ging der Bürgermeister dazwischen.

»Der will doch nur die Banane«, rief Otto.

»Beruhigen Sie sich!« Herr Tierlieb wandte sich nun an Zora Zack.

»Nur die Banane? Blöder Affe!« Mit wehendem Haar eilte Zora Zack davon; gefolgt vom Bürgermeister und seinem Sekretär.

»Frau Zack! Das tut mir sehr leid! Sie haben völlig recht: Hier muss dringend etwas passieren!«, rief der Bürgermeister im Weggehen.

Otto blickte ihr stirnrunzelnd hinterher. »Die soll den Zoo sanieren?«

»Man muss wohl mit der Zeit gehen«, antwortete Herr Tierlieb achselzuckend. Sein Blick fiel auf einen Vater mit seinem Sohn, die Geld in den rostigen Futterautomaten steckten, woraufhin das ganze Futter unkontrolliert herausschoss.

Herr Tierlieb seufzte. »Und erst mal ist es gut, wenn hier überhaupt was passiert.«

Wenig später setzten sich Benjamin und Otto zufrieden auf die abermals reparierte Bank.

»Jetzt aber«, sagte Otto.

»Elefantensicher«, bestätigte Benjamin.

»Was hat denn Frau Zack gemeint mit dem Tropfen auf dem heißen Stein?«, wollte Benjamin wissen.

»Sie meinte damit, dass der Zoo mehr als nur *eine* kaputte Bank hat. Und dass wir beide daran nicht viel ändern können«, erklärte Otto seinem großen Freund.

»Ich finde, an der Bank hier hat sich aber schon ganz schön viel geändert«, sagte Benjamin und zwinkerte Otto zu.

»Genau, und deswegen machen wir jetzt auch weiter!«, lachte Otto.

»Vielleicht erst ein Zuckerstücken, dann kann ich bestimmt viel besser arbeiten.«

»Ja, klar.«

DER WAHRE PLAN

Früh am Abend rollte plötzlich ein riesiger, futuristisch aussehender, weißer Transporter in den Zoo, gefolgt von einem offenen Sportwagen, in dem Zora Zack thronte. Der schnittige Wagen, der die Aufschrift ZORA ZACK trug, glänzte in der Abendsonne. Benjamin und Otto, die gerade dabei waren, die nächste Bank zu reparieren, schauten von ihrer Arbeit auf und staunten.

Der Tross hielt mitten auf dem Zooplatz. Auf Zoras Anweisung hin klappte auf der einen Transporterseite eine Luke auf. Innerhalb von Sekunden verwandelte sich der Transporter in ein supermodernes Büro mit Alarmanlagen und Überwachungskameras.

Herr Tierlieb, der in diesem Moment aus seinem Haus trat, traute seinen Augen nicht, als sich vor

ihm eine riesige Stahlwand in die Höhe schob. »Frau Zack! Was ... ist das?«

Zora Zack strahlte ihn an. »Herr Tierlieb! Sie meinen mein bescheidenes Planungsbüro? Ist das nicht wundervoll?«

Sie deutete auf die beiden Männer, die gerade mit einem Hoverboard und einem Golfmobil aus dem spacigen Büro gefahren kamen. »Meine Mitarbeiter Hans und Franz.«

Hans wies zum stählernen Büroturm. »Cooler Thinktank, oder?«

Franz tippte an seine Stirn: »Zum Denken braucht man Platz! Space, Alter.«

Hans nickte. »Kreative Entfaltung. Gecheckt?«

Herr Tierlieb blickte wortlos vom einen zum anderen. Dann reichte er Zora einen Zettel. »Ja, also hier ist die Liste mit meinen Verbesserungsvorschlägen!«

Zora Zack lächelte verständnisvoll. »Schön!«

Sie reichte die Liste Hans, der reichte sie Franz, und der knüllte sie gleichgültig zusammen.

»Glauben Sie mir«, plapperte Zora Zack schnell weiter. »Ich weiß ganz genau, was gut ist für Ihren

Zoo! Je mehr wir hier für Sie modernisieren können, desto besser, verstehen Sie? Sie freuen sich doch sicher auch über einen neuen Spielplatz zum Beispiel ... Wir sagen dazu ja ›Entertainment-Bereich‹! Und die vielen tollen Neuerungen für Ihre Tiere!«

»Ja ... das klingt wirklich sehr sehr ... vielversprechend«, bemerkte Herr Tierlieb.

»Mega!«, bekräftigte Franz.

»Gechillt!«, befand Hans.

Sie grinsten und riefen im Chor: »Megagechillt!«

Zora Zack verschwand mit den beiden in ihrem neuen Büro und ließ einen sprachlosen Zoodirektor zurück.

Wärter Karl, der zu Benjamin und Otto trat, war beeindruckt. »Boah, die haben ja wohl richtig was vor hier.«

Benjamin nickte. »Ja. Und ein neuer Enterdingsbums ... äh ... Spielplatz ist ja wirklich ganz schön.«

Nur Otto murmelte nachdenklich: »Ich hab da irgendwie kein gutes Gefühl.«

Mit einem zufriedenen Lächeln stand Zora Zack in ihrem Büro. »Ich hab ein gutes Gefühl! Wie herrlich naiv hier alle sind. Rührend irgendwie!«

Zackig drehte Zora sich um und ging zu einem Tisch, auf dem ein detailgetreues Modell des Zoos stand.

»Deswegen sind wir hier: Wir entstauben diesen verschlafenen Zoo und verpassen ihm einen Hauch von Zukunft. Der Zoo von morgen: effektiv, modern und gewinnorientiert. Klein ist das neue Groß. Alles andere wäre doch Verschwendung von Ressourcen«, erklärte Zora, während sie alle Gehege im Modell verschob.

Hans und Franz stellten sich zu ihr.

»Ressourcen schützen ist fett wichtig«, pflichtete Franz seiner Chefin bei.

Zora grinste hämisch. »Und warum sich nicht etwas teilen? Die Leute teilen sich Autos, Arbeitsplätze, Wohnungen ... Da können sich die dummen Tierchen doch auch ihre Gehege teilen!«

»Gehege-Sharing!« Franz war begeistert.

»Sozusagen 'ne Tier-WG! Cool!«, ergänzte Hans. Zora wies auf Herrn Tierliebs Haus. »Und weil der Zoo endlich einen Merchandising-Shop bekommt und Wärter Karls Haus dafür leider, leider abgerissen werden muss, darf auch er mit dem Zoodirektor in einer WG wohnen.«

Hans und Franz grinsten. Zora Zack griff nach einigen Modellhochhäusern, die unter dem Tisch verstaut waren, und stellte sie auf die leere Hälfte des Zoos. »Und hier kommen dann die schönen, teuren Luxusapartments hin. Mit Blick auf den Zoosee.«

Während Hans Fotos von dem neuen Zoo mit einer kleinen Kamera machte, hielt Zora sich einen Finger vor den Mund.

»Aber pssst! Die Verträge sind noch nicht endgültig abgesegnet. Und je länger die hiervon nichts wissen, umso besser für uns und unsere Arbeit.«

Siegessicher lächelnd posierte sie vor dem Zoomodell. »Selfiiiiieeeeee!«

Schnell stellten sich ihre beiden Mitarbeiter dazu und Hans machte ein Foto.

Sofort verschwand Zoras Lächeln wieder und ihr Gesicht bekam einen lauernden Ausdruck. »Ach ja, bevor ich es vergesse ... Es gibt hier diesen dicken, sprechenden Elefanten. Der könnte noch nützlich für uns werden.«

LIEBER KEIN TÖRÖÖÖ

Am nächsten Morgen fuhr ein riesiger Kran mit Abrissbirne vor Karls Haus vor.

Benjamin, Otto, Herr Tierlieb und Karl beobachteten das verwundert.

»Was wollen Sie denn mit Karls Haus machen?«, wollte Otto von Zora wissen.

Zora lächelte ihn beruhigend an. »Na ja, hier ist ja alles schon ganz schön … alt.«

»Aber …«, stotterte Otto.

Zora schnitt ihm das Wort ab. »Dafür entsteht hier was ganz tolles Neues. Mit Merchandising und viel Raum für anderes.«

»Also dann auch für mich?«, fragte Karl nach.

»Was für eine Frage!« Zora Zack strahlte den Tierwärter an. »Sie sind doch schon ganz lange mit Ihrem klapprigen Futterwagen unzufrieden und klagen über zu viel Arbeit?« Zora zwinkerte ihm verschwörerisch zu. »Da finden wir auch eine Lösung! Das steht ganz weit oben auf meiner Agenda!«

Karl nickte erfreut. »Das hört sich ja super an mit der Agenda!«

Benjamin freute sich für Karl. Otto hingegen sah weiter argwöhnisch aus. Dieser Frau traute er nicht über den Weg.

Da legte Zora ihren Arm um ihn und flötete: »Und du möchtest doch ganz bestimmt eurem

lieben Tierwärter beim Umzug helfen. Herr Tierlieb hat ja in seinem Haus genug Platz für zwei.«

»Was?«, fragte Karl.

»Wie bitte?«, fragte Herr Tierlieb überrumpelt.

Zora ignorierte die beiden und umklammerte weiterhin Otto. »Ich möchte sowieso mal in Ruhe mit deinem Elefantenfreund sprechen.«

»Oh, worüber denn?«, fragte Benjamin erstaunt.

»Über Zuckerstückchen zum Beispiel!«, flötete Zora.

Verblüfft schaute Benjamin Otto an. Doch da zog Zora ihn schon mit sich zu ihrem Büro.

Mit großen Augen sah Benjamin sich in Zora Zacks Büro um. So etwas hatte er noch nie gesehen.

Zora beobachtete jeden seiner Schritte mit lauernder Miene. Genau wie Hans und Franz.

Benjamin entdeckte das nun verhüllte Zoomodell und trat neugierig näher. Doch Zora stellte sich ihm in den Weg.

»Weißt du, Benjamin, ich habe den Eindruck, dass du hier ... ein bisschen unterfordert bist. Dabei hast du wirklich so viel Potenzial, wenn du weißt, was ich meine?«

»Äh ... irgendwas mit Mathe?«, fragte Benjamin.

Zora lachte. »Haha, witzig bist du auch noch!«

Benjamin lachte ebenfalls. Auch wenn er nicht verstand, was daran so lustig war.

»Du hast das Zeug, das Wahrzeichen des neuen Neustädter Zoos zu werden!«, sagte Hans.

»CI! Corporate Identity! Du bist der Zoo!«, rief Franz.

»Äh, wie ...?« Benjamin verstand nur Bahnhof.

»Dein Gesicht auf dem Eintrittsstempel!«, erklärte Hans.

»Wir werden Benjamin-Action-Figuren verkaufen, Hoverboards, riesige Ansteckohren – das volle Programm!«, begeisterte sich Franz.

»Alle werden deinetwegen kommen!«, rief Hans aus.

Irritiert drehte sich Benjamin mit ihnen im Kreis, bis er vor Zora Zack zum Halt kam. Die schaute ihm tief in die Augen.

»Mehr Zoobesucher bedeuten mehr Einnahmen – und wem kommt das alles zugute?«

»Wem denn?«, fragte Benjamin.

»Den Tieren natürlich!«, antwortete Zora und steckte ihm ein Zuckerstückchen in den Mund.

Benjamin kaute genüsslich. Ungläubig, aber durchaus auch ein bisschen geschmeichelt bemerkte er: »Hmmm ... Hohoho ... Ich bin der Zoo?«

Zora Zack nickte. »Auf dich kommt es an. Mit deiner Hilfe retten wir den Zoo. Aber dafür müssen wir dir natürlich noch ein kleines Make-Over verpassen.«

Benjamin runzelte die Stirn. Make-Over? Was war das denn?

»Ich meine, der Typ gemütlicher, naiver Elefant ist ja doch ziemlich altmodisch«, fuhr Zora Zack

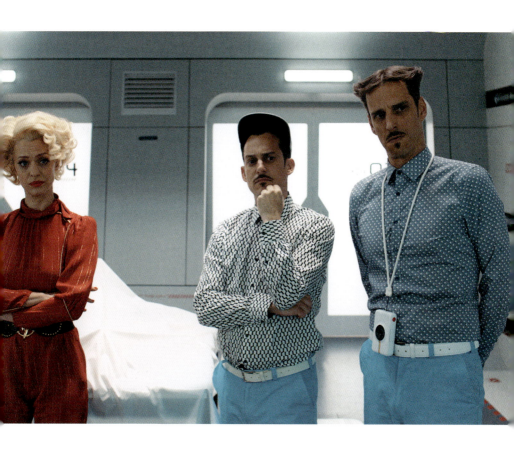

fort. »Und dieses ...« Sie verdrehte die Augen. »...Törööö!«

Benjamin nickte erfreut und fing an: »Tööö...«

Sofort hob Zora abwehrend die Hand. »Nicht doch.«

»Nicht cool, Alter«, meinte Hans.

»Überhaupt nicht fancy genug«, ergänzte Franz.

Das hörte Benjamin wirklich zum allerersten Mal.

Los ging es mit dem sogenannten »Make-Over«. Dafür hatte Zora Zack Benjamin ein paar brandneue Kleidungsstücke zurechtgelegt.

Benjamin mühte sich in eine Jeans zu schlüpfen, die fürchterlich eng war.

»Also, ich weiß ja nicht so recht, ob das ... Ich glaube, ich bin ein wenig zu ...«, stotterte Benjamin verlegen, als er in engen Jeans und einem hellblauen Blümchenhemd samt Weste vor den dreien stand.

»... dick für Skinny Jeans? Benjamin, nein«, schmeichelte Zora, »du bist stattlich! Wie es sich für einen Elefanten gehört.« Sie klopfte auf seinen Bauch. »Hier ein bisschen einziehen und dann geht das schon!« Sie versuchte Benjamins Hosenknopf zu schließen.

Benjamin zog mit aller Kraft den Bauch ein. Endlich geschafft! Der Knopf war geschlossen. Zora Zack trat zurück und lächelte zufrieden.

Doch Benjamin musste dringend Luft holen. Japsend atmete er aus. Sein Bauch wölbte sich nach vorn. Mit einem lauten Knall sprang der Knopf von der Jeans, flog quer durch den Raum und prallte gegen Hans' Kopf. Der dachte, Franz sei der Übeltäter, und knallte ihm eine. Franz schlug empört zurück. Zora Zack schüttelte den Kopf. Ihre beiden Mitarbeiter konnten manchmal wirklich zu blöd sein! Sie reichte Benjamin eine andere Hose. »Ich denke, Baggy Jeans stehen dir viel besser.«

Draußen auf dem Vorplatz spazierte Alfred Affe vorbei, als er Benjamins Stimme hörte. »Also, die Hose passt auf jeden Fall besser! Aber ich weiß nicht ...«

Neugierig lief Alfred weiter vor zum Büro.

Drinnen präsentierte Benjamin gerade seinen neuen Look. Er trug nun weite Jeans, ein T-Shirt mit einem aufgedruckten Blitz und eine lässige Mütze. Zora Zack hauchte hingerissen: »Nein, nein, nein! Das ist um Welten besser. Man könnte fast sagen: zielgruppengerecht.«

»Irgendwie erkenne ich mich gar nicht wieder«, zweifelte Benjamin.

»Du siehst wundervoll aus! In ein paar Tagen haben wir unsere erste Pressekonferenz und da werden wir dich als unser neues Markenzeichen vorstellen!«

»Meint ihr wirklich?«, fragte Benjamin zweifelnd.

Hans und Franz nickten. »Megalässig!«

Plötzlich kam Alfred Affe durch einen Lüftungsschacht ins Büro geklettert.

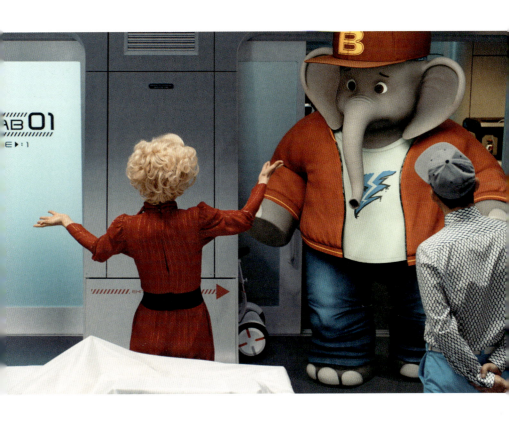

»Hallo, Alfred«, begrüßte ihn Benjamin.

Zora Zack schrie auf. »Ha! Was macht der Affe da?«

Alfred bleckte seine Zähne.

Schon begann Zora wieder zu niesen. »Hatschiiiieee!«

Während sie hastig ihr Allergiespray zückte, machte Hans Fotos von Alfred.

»Abgefahren. Cooler Monkey!«, rief Hans.

Da riss ihm der Affe die Kamera aus der Hand. Überrumpelt versuchte Hans sie ihm wieder abzunehmen. »Hey! Böser Monkey! Meine Kamera!«

Doch Alfred wich ihm aus und betätigte dabei wiederholt den Auslöser der Kamera.

Zora schrie: »Raus mit ihm!«

Da raste der Affe auch schon mit der Kamera in der Hand hinaus.

Benjamin folgte ihm. »Hoho! Alfred will wohl Fotograf werden, hahaha!«

Zora Zack fragte Hans mit wütend funkelnden Augen: »War das zufällig die Kamera, mit der du gestern die Fotos gemacht hast?! Zum Beispiel von dem Zoomodell?«

Hans stotterte: »Äh, ja ... vielleicht, möglicherweise, irgendwie schon?«

Wütend schrie Zora: »Ihr Nichtsnutze! Worauf wartet ihr noch? Hinterher! Zack, zack!«

JAGD AUF ALFRED AFFE

Herr Tierlieb, Karl und Otto schleppten gerade Karls Bett in das winzige Wohnzimmer des Zoodirektors. Überall lagen und standen Bücher, kleine Figuren, Blumentöpfe, altmodische Kissen mit Stickbezügen ... Und wohin nun mit dem Bett?

»Vielleicht dahin?« Herr Tierlieb deutete auf eine Ecke.

Ächzend beförderten Karl und Otto das Bett zur gewünschten Stelle.

Herr Tierlieb schüttelte den Kopf und wies zur anderen Seite. »Oder doch besser da!«

Otto stöhnte. »Wo bleibt denn Benjamin?« Seine Elefantenkräfte könnten sie gerade wirklich gut gebrauchen.

Karl sah sich um. »Ja, also ich weiß ehrlich gesagt nicht, wie mein ganzes Zeugs hier unterkommen soll. Und ... nichts gegen Ihren Geschmack, Chef. Aber modern nenn ich was anderes!«

»Pah! Als ich so alt war wie Sie, da war das alles durchaus modern!«, entgegnete Herr Tierlieb beleidigt.

»Na gut, das ist ja jetzt auch eine Weile her ... Es ist ja nur vorübergehend«, sagte Karl hoffnungsvoll.

Sie liefen nach draußen, um die letzten Sachen zu holen, als Benjamin in seinen neuen Klamotten auf sie zugelaufen kam.

Otto traute seinen Augen nicht. »Benjamin? Wie siehst du denn aus?«

»Ich bin jetzt das neue CIA ... CGI ... Corpulent Identidings oder so«, erklärte Benjamin.

Alle starrten ihn verständnislos an. Kein Wunder, denn Benjamin verstand ja selbst nicht, was er sagte.

Da fuhren Hans und Franz auf Hoverboards an ihnen vorbei.

Hans hielt ein Gewehr in den Händen. »Wie funktioniert denn so ein Betäubungsgewehr überhaupt?«

»Alter, du bist so ein Loser!«, antwortete Franz. »Entsichern, zielen, abdrücken. Das checkt doch jedes Kiddy, ey!«

Benjamin, Otto, Karl und Herr Tierlieb schauten ihnen entgeistert hinterher.

»Was haben die denn vor?«, fragte Karl.

»Wahrscheinlich Alfred suchen«, vermutete Benjamin.

Herr Tierlieb sah ihn entsetzt an. »Mit einem Betäubungsgewehr?«

Sie mussten den Affen finden, bevor Hans und Franz ihn fanden.

»Alfred? Alfred!«

Otto lief am Ufer des Zoosees entlang und hörte mit einem Mal ein leises »Uuuuuuuuu ...«

Im nächsten Augenblick entdeckte er Alfred. Der Affe hockte auf einem Stein in einem der offenen Gehege. Um den Hals trug er immer noch die Kamera.

»Da bist du ja, du Spinner! Komm zu mir!«, rief Otto.

Zu spät bemerkte er Hans und Franz, die mit ihren Hoverboards auf ihn zusteuerten.

»Hey, du! Bist du nicht der Freund von dem sprechenden Elefanten?«, rief Franz.

»Hast du vielleicht 'nen Affen gesehen?«, fragte Hans.

»Äh, was? Nee, ich bin hier nur ... spazieren!«, log Otto. Er hoffte inbrünstig, dass sie Alfred nicht entdeckten.

»Kinder gehen nicht gern spazieren, oder?«, fragte Franz mit lauernder Miene.

Hans schüttelte den Kopf. »Nee, Kinder zocken lieber Videospiele.«

Neugierig kam Alfred eine Stückchen näher, um sie besser beobachten zu können. »Uuuuuuuu.«

Franz horchte auf. »Pssssst! Hast du das gehört?«

Schnell versuchte Otto ihn abzulenken. »Das ist bestimmt nur ein ...«

»Affe?«, fragte Franz, der Alfred entdeckt hatte.

Hans folgte seinem Blick und grinste breit. »Oh, yeah!«

Er zückte das Betäubungsgewehr.

Aufgeregt versuchte Otto ihn aufzuhalten. »Hey, das kannst du doch nicht machen!«

Doch Hans legte schon das Gewehr an und zielte.

Otto rief noch lauter: »Nein! Nicht!«

Hans wollte abdrücken. Da ertönte Benjamins Ruf: »Törööööööööö!«

Erschrocken zuckte Hans zusammen. Woraufhin der Pfeil nicht Alfred Affe traf, sondern den Po des überraschten Franz. Alfred flüchtete auf den nächsten Baum.

Otto atmete erleichtert auf. Benjamin, Karl und Hans hingegen blickten staunend auf Franz, der nun, mit einem seligen Gesichtsausdruck tief schlafend, auf dem Boden lag.

Es wurde Abend. Otto saß vor Benjamins Haus und blickte nachdenklich zum See. Es beschäftigte ihn, was Zora Zack hier im Zoo so trieb. Karls Haus sollte abgerissen werden. Benjamin musste diese bescheuerten Klamotten anziehen. Und dann jagten diese Kerle auch noch Alfred Affe mit einem Betäubungsgewehr!

Benjamin gesellte sich zu ihm und beobachtete seinen besten Freund aus dem Augenwinkel. Er wollte endlich etwas loswerden, das ihn schon länger beschäftigte. »Du, Otto ... magst du die Frau Zack nicht, weil sie so nett ist zu mir und zu dir nicht?«

Otto schaute ihn überrascht an. »Äh, was? Quatsch!«

»Du willst doch auch, dass es dem Zoo wieder besser geht«, fuhr Benjamin fort.

»Aber nicht auf so 'ne komische Tour! Bist du denn gar nicht misstrauisch?«, fragte Otto.

Benjamin zuckte mit den Achseln. »Manchmal sind Leute gar nicht so, wie man auf den ersten Blick meint.«

»Ja, und manchmal sind sie genau so!«, erwiderte Otto. Er lächelte versöhnlich. »Dich mag ich jedenfalls am liebsten, so wie du bist. Da kannst du noch so komische Klamotten tragen.«

Benjamin grinste. »Ich mag dich auch, wie du bist, vor allem aber am liebsten.«

Otto lächelte und die beiden schauten wieder zum See. Das brachte Benjamin auf einen Gedanken. »Weißt du, was wir jetzt tun sollten?«

»Was denn?«, fragte Otto.

Benjamin grinste. »Boot fahren!«

Und so stiegen die beiden Freunde in das am Ufer liegende Holzboot und schipperten auf die Mitte des Sees. Das Boot war genau wie alles andere im Zoo in die Jahre gekommen, aber zum Glück noch seetüchtig. Benjamin war ja alles andere als leicht. So war es kein Wunder, dass seine Bootsseite deutlich tiefer im Wasser hing als die von Otto. Aber egal! Der Mond ging auf und ließ das Wasser in der Dämmerung silbern funkeln. Was konnte es Schöneres geben als Bootfahren am Abend mit seinem besten Freund?

Dazu passte das Lied von Karl, das er am Ufer mit seiner Band probte:

»Hast du mal drüber nachgedacht, was uns eigentlich ausmacht?
Was uns so zusammenhält, ist Freundschaft.
Ich hör dir immer gerne zu. Nur ich und du.«

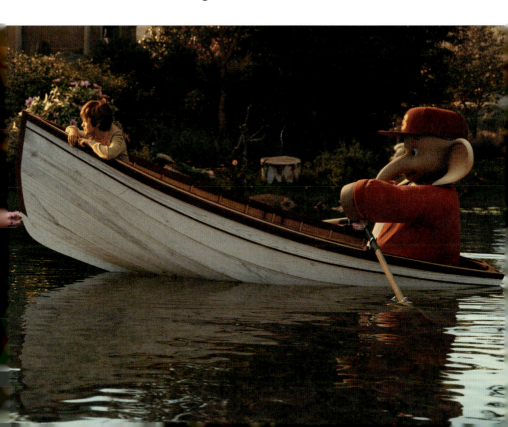

OTTOS VERDACHT

»In den Po geschossen! Lesen Sie hier alles über die merkwürdigen Geschehnisse rund um den Neustädter Zoo!«, lautete am nächsten Morgen die Schlagzeile der Neustädter Zeitung.

Die rasende Reporterin Karla Kolumna knatterte auf ihrem Roller durch den Zoo. Bei Otto, Benjamin und Wärter Karl machte sie halt.

Zoras Arbeiter bereiteten gerade Karls Haus für die Abrissarbeiten vor.

Wie gern er weiter darin gelebt hätte. Karl seufzte bekümmert.

Karla hatte etwas Interessantes über Frau Zack herausbekommen.

»Sie hat die Neustädter Bonbonfabrik zur Pillenfabrik umgewandelt«, berichtete sie Otto, Benjamin und Karl.

Otto wurde blass. »Sie meinen diese Fabrik, die diese bitteren Hustenpillen herstellt?«

Karla nickte.

Karl und Otto verzogen angeekelt die Gesichter. »Iiiiiiiiiiih!«

Benjamin schaute sie fragend an.

»Echt, Benjamin, die sind noch viiiiel ekliger als Kakao mit Salz«, erklärte Otto.

Karl nickte. »O ja ... wie Marmelade mit sauren Gurken.«

In diesem Augenblick erblickte Otto Alfred Affe, der gleich in der Nähe auf einem Baum saß.

»Hohoho, Alfred hat noch immer die Kamera von Frau Zack«, lachte Benjamin.

»Deswegen haben die beiden Spinner ihn mit einem Betäubungsgewehr gejagt?«, fragte Otto.

Benjamin nickte. »Ja, genau, die suchen immer noch nach ihm.«

»Irgendwie habe ich das Gefühl, dass es dabei nicht nur um die Kamera geht«, meinte Karla.

Die drei versuchten Alfred anzulocken. Doch der Affe blieb davon ungerührt.

Plötzlich hatte Benjamin eine Idee. Er wusste ja, was Alfred noch mehr mochte als eine Kamera – und kramte nun eilig eine Banane hervor. »Alfred, tauschst du mit mir?«

Da schwang sich der Affe zu ihnen herüber und griff nach der Banane. Im Austausch schnappte Benjamin sich die Kamera. »Danke, Alfred!«

Fröhlich hopste der Affe weiter und Benjamin, Otto und Karla schauten Alfreds Fotos durch. Otto hielt auf einmal inne. »Ich glaub's nicht!«, rief er aus.

Otto, Benjamin und Karla starrten fassungslos auf das Selfie von Zora Zack, Hans und Franz vor dem Zoomodell.

»Da ist Frau Zack. Und ist das unser Zoo?«, wollte Benjamin wissen.

»Sieht ganz so aus, aber was sind das für riesige Häuser am Zoosee?«, fragte Karla.

Otto nickte mit grimmiger Miene. »Ja, genau, was sind das für Häuser?«

Mit einem Mal horchten sie auf. Denn sie hörten die Affen laut kreischen. Was war denn da los?

Eilig machten sie sich auf den Weg zum Affengehege, in dem gerade Arbeiter den Kletterbaum abmontierten. Davor hatten sich einige Zoobesucher rund um Zora Zack, Herrn Tierlieb und Karl versammelt. Sie standen vor mehreren kleinen Käfigen, in denen die Affen eingesperrt waren.

Herr Tierlieb schnappte nach Luft. »Also, das sind eigentlich Quarantänekäfige für kranke Tiere!«

»Und keineswegs geeignet für eine längere Unterbringung!«, fügte Karl empört hinzu.

»Aber das ist ja auch nur vorübergehend!«, entgegnete Zora Zack. »Bis die neuen Gehege fertig sind! Stellen Sie sich vor, die armen Tiere, plötzlich vom Bagger überrollt!«

»Sie haben doch eigentlich ganz andere Pläne!«, rief Otto wütend.

Zora Zack dreht sich zu ihm um. »Wie bitte?«

Überrascht entdeckte sie nun Benjamin an Ottos Seite und bemerkte spitz: »Benjamin, mein liebster Freund! Was ist denn hier los? An das Törööö-Verbot hast du dich auch nicht gehalten!«

Otto schaute zu Benjamin. »Törööö-Verbot?«

»Äh ... na ja ...«, stotterte Benjamin verlegen.

Kopfschüttelnd hielt Otto Herrn Tierlieb die Kamera hin. »Hier, schauen Sie!«

Doch Zora Zack riss die Kamera an sich, ehe der Zoodirektor einen Blick darauf werfen konnte.

»Meine Kamera! Ach ... Das war einmal ... Das ist ja völlig veraltet!« Sie lachte und löschte das Foto. »Schon weg! Nur alte und dumme Ideen, ganz ohne Bedeutung.«

Otto schaute sie fassungslos an.

»Also dann ist da nichts dran, dass Sie auf Kosten der Zoobewohner hier noch ganz andere Baumaßnahmen planen?«, hakte Karla Kolumna nach.

Zora Zack schüttelte den Kopf. »Das Einzige, was ich will, ist ...« Feierlich erhob sie ihre Stimme: »Verbesserung für alle hier im Zoo!«

Zufrieden drückte sie auf eine Fernbedienung. Im nächsten Augenblick kam ein kleiner Roboter piepsend und surrend angefahren, begleitet von Hans und Franz. Die Zoobesucher wichen staunend zurück.

»Der von mir entwickelte Futterroboter ist technisch auf dem höchsten Niveau!«, erklärte Zora Zack stolz. Sie drückte einen Knopf und die Maschine spuckte Trockenfutter aus einem Schlitz. »Er berechnet exakt die Futtermenge, die ein Tier braucht! Schluss mit der Verschwendung!«

Zora drückte einen zweiten Knopf. Der Futterroboter klappte einen Napf aus mit einem Röhrchen darüber, aus dem eine gräulich braune Masse tröpfelte.

»Grandios, der ideale Nährstoffbrei! Direkt aus der Weltraumforschung. So was nennt man Fortschritt!«, rief Zora begeistert.

Doch mit einem Mal drehte sich der Roboter und schoss den Brei auf eine Zoobesucherin, die überrascht aufschrie. Dabei blieb es nicht. Unkontrolliert schoss der Roboter um sich. Pitsch! Patsch! Pitsch! Patsch! Angeekelt wichen alle zurück. »Iiiiiiiiiih!«

phase!« Endlich fand sie den richtigen Knopf auf der Fernbedienung. »Stopp! Aus!« Und der Roboter stand still.

Schnell rief Zora: »Vertrauen Sie mir! Dieser Roboter ist Teil meines grandiosen Plans!«

Otto fragte sauer nach: »Und was für ein Plan soll das bitte sein?«

Zora wandte sich zu den Zoobesuchern und rief mit großer Geste: »Die Rettung des Zoos!«

Einige Zoobesucher applaudierten. Das hörte sich gut an!

Otto schüttelte den Kopf. »Nee ... echt ... es reicht ... die verschaukelt uns doch alle. Wir müssen herausfinden, was genau die hier vorhat!«

Benjamin nickte. »Da kann uns nur einer helfen.«

DER PLAN

Wenig später standen die beiden Freunde vor einer alten Villa.

»Hier soll Walter Weiß wohnen?«, fragte Otto.

»Hat Frau Meier gesagt«, sagte Benjamin. »Außerdem sieht man das doch auch!«

Er fand jedenfalls, dass dieses Haus wie eine echt geheime Geheimagenten-Villa aussah.

»Also, ich weiß nicht«, meinte Otto. Doch da drückte Benjamin schon auf die Klingel.

»Passwort?«, schnarrte plötzlich aus einem kleinen Lautsprecher die Stimme von Walter Weiß.

»Hallo, Walter! Wir wollten nur fragen, ob ...«, stammelte Benjamin.

»Passwort!«, forderte Walter Weiß erneut.

»Welches Passwort?«, wunderte sich Benjamin.

»Das Passwort, bitte!«

»Probier's mit Raten!«, empfahl Otto Benjamin.

»Äh ... ähm ... äh ... Zuckerstückchen?«, stotterte Benjamin.

Otto verdrehte die Augen. Benjamin hob entschuldigend die Schultern. Doch die Tür öffnete sich.

Die beiden Freunde traten vorsichtig ein.

Walter Weiß begrüßte sie erfreut. »Der Elefant und sein Menschenfreund. Willkommen in meinem Hauptquartier!«

Otto blickte sich um. Drinnen sah alles nicht besonders aufregend aus. Alles wirkte alt und muffig, und in den wenigen Sonnenstrahlen, die eindrangen, tanzte der Staub. Skeptisch fragte er nach: »Das Passwort lautet also Zuckerstückchen?«

Walter Weiß winkte ab. »Nun ja. Ehrlich gesagt habe ich das Passwort schon vor Jahren vergessen.« Er grinste. »Erst mal 'nen schönen Kakao?«

Benjamin nickte begeistert. »O ja! Und mit ganz viel Zucker, bitte!«

Als Otto Benjamin daraufhin etwas strafend anschaute, fiel diesem ein, weswegen sie ja eigentlich da waren. »Vielleicht später. Wir sind hier, weil wir ein paar geheime Geheimagenten-Tipps brauchen könnten.«

»Geheim. Eigentlich habe ich ja damit abgeschlossen.« Doch dann nickte Walter. »Aber warum nicht? Folgt mir.«

Er ging zu seinem Bücherregal. Eine Buchreihe schob sich zur Seite und ein Metallbord mit Nummern nebst Scanfeld kam zum Vorschein.

Walter erklärte: »Um dieses extrem sichere Schloss zu entriegeln, braucht man eine zwölfstellige Zahlenkombination, zwei Fingerabdrücke und einen Iris-Scan. Oder ...«

Er schob die Bücher noch ein Stückchen weiter zur Seite, woraufhin ein weiterer großer weißer Knopf zum Vorschein kam. »... man drückt diesen äußerst geheimen Knopf!« Schon drückte Walter darauf, die Bücherwand drehte sich – und gab den Weg in eine geheime Kammer frei.

Benjamin und Otto blieb der Mund offen stehen. »Boooaaaah!«

Aufgeregt folgten die beiden Freunde Walter in die Kammer. Auch dort war alles alt und verstaubt. Doch offensichtlich tüftelte Walter immer noch an den ausgefallensten technischen Gegenständen herum. An den Wänden hingen Fotos, die ihn als jungen Spion zeigten.

»Ich glaub's nicht!«, hauchte Otto ehrfürchtig. »Das sind ja tatsächlich Sie ... Sie sind also ... waren wirklich, echt ein, ein ...?«

Walter nickte. »Geheimagent!«

Staunend betrachtete Otto ein kleines, ferngesteuertes U-Boot mit Kamera und Delfinsonar, mit dem man bis zum tiefsten Punkt der Erde gelangen konnte. Unglaublich, was Walter hier alles entwickelte. Mit einem Mal hatte er eine Idee. »Mit dem ganzen Zeug könnten wir vielleicht heimlich in Zora Zacks Büro reinkommen!«

»Oh, oh, oh, Otto! Du willst da einbrechen?«, rief Benjamin besorgt.

»Einbrechen?«, gab Otto zurück. »Wir wollen ja nichts klauen oder so! Wir wollen uns nur umsehen!«

»Und wenn das Zoomodell auf dem Foto wirklich nur eine dumme alte Idee von ihr war?«, warf Benjamin ein.

Otto schnaubte ungläubig. »O Mann, Benjamin! Das war doch gelogen. Die lügt die ganze Zeit! Wie kannst du überhaupt einer Frau glauben, die dir dein Törööö verbietet! Das gehört doch zu dir wie ...« Otto suchte nach einem passenden Wort.

»Wie du?«, fragte Benjamin.

Otto lächelte. Benjamin lächelte auch.

»Na also«, sagte Walter zufrieden. »Gut, dann lasst uns mal sehen, ob ihr hier was brauchen könnt!«

Er öffnete einen Metallschrank. Darin kam jede Menge Spionage-Werkzeug zum Vorschein: Rucksäcke, Seile, Funkgeräte, Westen, eine Armbrust, Nachtsichtgeräte ...

»Bedient euch!«, meinte Walter großzügig.

DIE GEHEIME MISSION

Zwei Gestalten schlichen in der Dunkelheit auf Zora Zacks Büro zu. Ein schmaler Baum bot ausreichend Schutz für die eine Gestalt, für die andere aber nicht. Es waren Benjamin und Otto. Beide trugen Westen mit Karabinerhaken, auf den Rücken Rucksäcke und ein paar Seile und auf der Nase hatten sie Nachtsichtgeräte.

Otto hatte eine Armbrust geschultert, die er bei Walter gefunden hatte, und blickte aufmerksam zu Zoras nachtschwarzem Büro. »Wir müssen irgendwie über den Platz kommen, ohne dass uns die Überwachungskameras entdecken.«

Benjamin nickte. »Alles klar. Mach einfach, was ich mache.«

In geduckter Haltung verließ er sein Versteck. Er stolperte, fiel zu Boden und rollte schnell weiter hinter den Busch, bevor er umständlich bis zur nächsten Deckung weiterrobbte. Dort griff er nach einem Abfalleimer und hielt ihn sich vors Gesicht, bis er schließlich hinter Zoras Haus verschwand.

Otto verdrehte die Augen. Er wartete, bis die Kamera in die andere Richtung schwenkte und eilte dann geduckt zu Benjamin hinüber.

Benjamin grinste schief und flüsterte: »So kann man das natürlich auch machen.«

Otto sah sich um. »Hmm ... Jetzt müssen wir nur noch reinkommen!«

»Ich rieche ... Zuckerstückchen!«, meinte Benjamin plötzlich.

Otto sah ihn genervt an. »Benjamin, konzentrier dich!«

Benjamin schnupperte weiter. »Ich meine, ich rieche Zuckerstückchen aus dem Büro, und wenn ich die riechen kann, muss hier irgendwo ...«

Otto lächelte. »... ein offenes Fenster sein! Super, Benjamin. Wo genau?«

Benjamin hob seinen Rüssel langsam Richtung Dach. »Da oben.«

Otto befestigte ein Seil an einem Pfeil und spannte ihn in die Armbrust. Er zielte auf das Dach und drückte ab. Tatsächlich fand der Pfeil dort oben einen Halt. Prüfend zog Otto an dem Seil.

Benjamin wurde bei dem Gedanken, daran hochzuklettern, ganz schwindelig. »Uiuiui, das ist aber ganz schön hoch!«

»Willst du jetzt wissen, was da los ist, oder nicht?« Auffordernd drückte Otto ihm das Seil in die Hand. Dann schoss er einen zweiten Pfeil für sich selbst ab. Die Enden der Seile steckte er in kleine Winden, die an ihren Gürteln befestigt waren.

»Los geht's!«

Otto drückte einen Knopf an der Winde und wurde nach oben gezogen.

Auf dem Dach sah er sich um. Tatsächlich: Eine Dachluke stand einen Spalt offen!

Hinter sich hörte er das Ächzen von Benjamins Seilwinde. »Benjamin? Wo bleibst du denn?«

»Bin gleich da!«, antwortete Benjamin, während er wie ein nasser Sack an dem Seil baumelte. Es sah aus, als ob es gleich reißen würde. Nur langsam zog die Seilwinde den Elefanten hinauf. »Kann sich nur noch um Stunden handeln!«, ächzte Benjamin.

Eilig schwang Otto sich über den Rand der Luke, atmete tief durch und ließ sich mit dem Seil hinab in das dunkle Büro.

Über ihm schaute Benjamin durch die Luke.

»Vielleicht nimmst du besser zwei Seile!«, rief Otto zu ihm hinauf.

»So dick bin ich auch nicht!«, protestierte Benjamin.

Otto verdrehte die Augen und ließ sich weiter hinunter. Er baumelte nun direkt über dem Zoomodell und sah durch das Nachtsichtgerät zum ersten Mal mit eigenen Augen die Hochhäuser am Zoosee.

»Von wegen alte Idee«, murmelte er wütend.

Er blickte hoch zu Benjamin und gab diesem ein Zeichen, ihm endlich zu folgen. Nervös kletterte Benjamin über den Rand der Luke. »Bye, bye, Baby!«, versuchte er sich Mut zu machen. Dann schwang er sich hinab – aber viel zu schnell!

»Ohhhhh!«, schrie Benjamin panisch auf. Er stürzte knapp an Otto vorbei und kam nur wenige Zentimeter über dem Modell zum Halt.

Otto atmete erleichtert auf. Einen glücklichen Moment lang schaukelten die beiden zusammen hin und her.

Benjamin grinste. »Ich bin wohl doch 'n bisschen schwerer.«

Otto nickte. »Das ist ja grad noch mal gut gegangen.«

Da gab es einen Knall. Benjamins Seil riss und der Elefant landete mit einem Rums mitten auf dem Modell. Im selben Augenblick ging auch schon die Alarmanlage los.

DER STREIT

»Tststs ...« Kopfschüttelnd betrachtete Zora Zack Otto und Benjamin, die ein wenig reumütig vor ihr saßen. In der Eile hatte sie nur einen Bademantel über ihren Schlafanzug geworfen. Sogar ihre Lockenwickler trug sie noch.

Auch Herr Tierlieb war herbeigeeilt und verarztete die beiden »Einbrecher«. So jedenfalls sah sie Zora Zack.

Benjamin fasste sich an seinen schmerzenden Kopf und stöhnte.

Herr Tierlieb versuchte, Zora zu besänftigen. »Frau Zack, das war doch wirklich bloß ein dummer Streich eines kleinen Jungen und eines kleinen Elefanten.«

»Ja, ja«, antwortete Zora. »Immer schön zusammenhalten. Ich weiß nicht, ob ich Sie so noch länger unterstützen kann.«

»Wollen Sie mir drohen?«, fragte Herr Tierlieb empört.

»Herr Tierlieb hat nichts damit zu tun! Das war allein Benjamins und meine Idee!«, mischte sich Otto trotzig ein.

»Wirklich?« Zora blickte Benjamin eindringlich an. »Oder war es vielleicht eher so, dass du, lieber Benjamin, von Otto überredet wurdest hier einzubrechen?«

Benjamin fiel es schwer, sich zu konzentrieren. Sein Elefantenschädel brummte noch ganz schön.

»Ich habe schon länger den Eindruck, dass dein ›Freund‹«, Zora deutete mit den Fingern die Anführungszeichen an, »nicht wirklich weiß, was gut für dich ist. Und was für unseren schönen, neuen Zoo gut ist, weiß er noch viel weniger!«

Otto funkelte sie empört an. »Ach ja, aber Sie?! Ich hab Ihr Modell von unserem schönen, neuen Zoo gesehen!«

»So? Was denn für ein Modell?«, fragte Zora mit einem kalten Lächeln.

Otto blickte seufzend zu dem Modell, das durch Benjamins Absturz vollkommen zerstört worden war. Wirklich zu blöd und ärgerlich!

Er wandte sich zu Benjamin. »Du hast es doch auch gesehen!«

»Das ging alles so schnell ...«, stotterte Benjamin. »Und dann ist schon das Seil gerissen!«

»Warum hast du nicht zwei Seile genommen?«, entgegnete Otto. »Wie ich es dir gesagt hab!«

»O Mann! Immer mach ich alles falsch«, murmelte Benjamin.

Zora Zack stellte sich interessiert zwischen die beiden. »Ach! Das hat er behauptet?«

Otto widersprach: »Nein! Also nicht so!«

Zora sah Benjamin eindringlich an. »Freunde tun so was eigentlich nicht, hmmm. Nein, oder?« Sie schüttelte so lange den Kopf, bis Benjamin, noch benommen vom Sturz, ebenfalls den Kopf schüttelte.

Otto starrte ihn mit offenem Mund an. »Wie jetzt? Jetzt bin ich nicht mehr dein Freund oder was?«

»Das hab ich doch gar nicht gesagt!«, entgegnete Benjamin.

»Aber du glaubst wohl lieber dieser Tante da als mir!«, rief Otto.

»Jetzt sagst du schon wieder so was!« Benjamin hielt sich stöhnend seinen schmerzenden Kopf.

»O Mann, früher war alles so friedlich und jetzt ist hier nur noch Streit.«

»Ja klar, und daran bin ich jetzt auch noch schuld«, entgegnete Otto mit belegter Stimme. Was war nur mit seinem Freund los?

»Nein, ich ... Keiner ist schuld«, stammelte Benjamin.

Otto schüttelte den Kopf. »Manchmal bist du echt zu naiv.«

Wie konnte Benjamin sich auf die Seite dieser Zora Zack stellen! Otto schnappte sich seinen Rucksack, rannte hinaus und machte dabei seiner Enttäuschung Luft. »Vielleicht sollten Elefanten sich Elefantenfreunde suchen und Menschen lieber Menschenfreunde.«

Benjamin schaute ihm hinterher. »Äh ... Was? Otto!«

Doch Otto lief weiter. Während Herr Tierlieb ratlos den Kopf schüttelte, konnte Zora ihren Triumph kaum verbergen.

VERSUCHUNG ZUCKERSTÜCKCHEN

Als Benjamin in der Morgendämmerung in sein Haus zurückkehrte, war Otto wie vom Erdboden verschwunden. Sogar sein Skateboard hatte er mitgenommen.

Auch im Laufe des Tages erschien er nicht. Traurig lag Benjamin auf der Zoowiese und starrte zum Himmel.

Herr Tierlieb, der mit Karl und Karla Kolumna zusammenstand, seufzte. »Er hat noch kein Wort mit uns gesprochen.«

Karla Kolumna winkte zaghaft. »Herr Blümchen?«

Benjamin drehte sich brummend zur Seite. Vielleicht hätte er das lieber nicht getan. Denn jetzt sah er Zora Zack, Hans und Franz vor dem Büro. Zora winkte ebenfalls.

»Benjamin? Benjamin!«

Genervt rollte Benjamin sich wieder auf den Rücken.

Zora schüttelte ungläubig den Kopf. »Dieser dicke, störrische Elefant. Erst bricht er hier ein – und jetzt das!«

»Mit uns will der Dicke auch nicht reden«, verteidigte sich Hans.

Franz nickte. »Wir haben echt alles versucht, Zora.«

Zoras Augen verengten sich. »Ich geb ihm noch eine Chance!« Betont fröhlich rief sie Benjamin zu: »Es ist wegen Otto! Es gibt Neuigkeiten!«

Benjamin horchte auf. Misstrauisch blickte er zu Zora, die ihm übertrieben freundlich zulächelte. Warum sollte ausgerechnet sie Neuigkeiten von seinem Freund haben? Doch er konnte sich diese Chance nicht entgehen lassen. Mühsam rappelte der Elefant sich auf und machte sich auf den Weg zum Büro.

Dort drapierte Zora Zack einen Teller mit Zuckerstückchen und träufelte schnell noch eine Flüssigkeit darauf. Hans und Franz saßen an ihren Computern und schauten angestrengt auf die Monitore.

Mit einem breiten Lächeln wandte sich Zora zu Benjamin. Sie stellte den Teller mit den Zuckerstückchen auf einen kleinen Tisch und wies auf den Sessel daneben. »Oh, mein Lieber, komm, setz dich!«

Traurig schüttelte Benjamin den Kopf. »Was ist denn mit Otto?«

»Ja, weißt du, Otto ...«, hauchte Zora. »Ich glaube, der kommt nicht mehr.«

Benjamin starrte sie ungläubig an. »Das sind die Neuigkeiten?«

Zora nickte. »Dafür können wir in Ruhe da anknüpfen, wo wir einmal angefangen haben. Morgen ist unsere Pressekonferenz und da werden wir dich als unser neues Markenzeichen vorstellen.«

»Sie haben gar keine Neuigkeiten von Otto!«, unterbrach Benjamin sie. »Sie haben mich angelogen!«

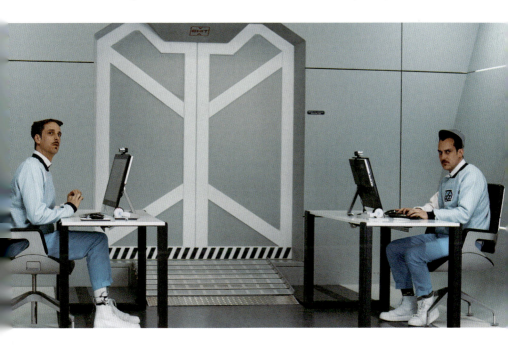

Zora lachte. »Angelogen? Ich würde dich niemals ...«

Benjamin brodelte plötzlich vor Wut. »Otto hat recht gehabt! Er hat gesagt, dass Sie nur lügen. Und ich hab ihm das nicht geglaubt!«

»Jetzt beruhig dich mal!«, wollte Zora Zack ihn besänftigen.

»Ich mach gar nichts mehr! Und verbieten lass ich mir auch nichts mehr! Törööö! Törööö! Törööö!«

»Schluss! Ruhe! Bist du wohl ruhig!«, zischte Zora.

Hans und Franz hielten sich die Ohren zu, während Benjamin immer lauter trötete: »Töööörööööööööööööö!«

Dann atmete er tief durch.

Zora lächelte und wies auf einen Sessel. »Ich verstehe. Meine Schuld. Friedensangebot! Setz dich!«

Benjamin zögerte, ließ sich dann aber auf den Sessel sinken.

Zora schob ihm den Teller hin. »Zuckerstückchen?«

Benjamin schüttelte den Kopf und schob den Teller zurück.

Zora schob ihm die Zuckerstückchen erneut hin. »Ich hole Otto zurück und werde in Zukunft jeden Schritt hier mit euch besprechen! Dafür sind wir wieder gute Freunde!«

»Menschen und Elefanten können keine Freunde sein«, erwiderte Benjamin trotzig.

Zora Zack zuckte mit den Achseln. »Na gut. Dann eben ohne Freundschaft! Ich lasse dich einen Augenblick allein und du kannst in Ruhe über meinen Vorschlag nachdenken.«

Zora, Hans und Franz gingen hinaus.

Benjamins Blick fiel immer wieder auf die Zuckerstückchen. Auf keinen Fall wollte er auch nur eins davon nehmen! Er machte die merkwürdigsten Verrenkungen, damit sein Rüssel nicht doch nach vorn schnellte. Und dabei sollte er in Ruhe über Zoras Angebot nachdenken?

Im Nebenraum beobachteten Zora Zack, Hans und Franz seine Verrenkungen auf einem Monitor.

»Dieser störrische Dickhäuter!«, bemerkte Zora ungeduldig.

Dann aber konnte Benjamin nicht mehr an sich halten und stopfte sich in Windeseile ein Zuckerstückchen nach dem anderen in den Mund.

»Ha!« Zora blickte auf ihre Uhr. »Kann sich nur noch um Sekunden handeln. Eins, zwei … und …«

Benjamin gähnte herzhaft. Im nächsten Augenblick fing er an zu schnarchen.

»Drei!«, rief Zora.

»Der schläft einfach ein!«, stellte Franz überrascht fest.

»Ach was!«, bemerkte Zora lakonisch.

»Wahrscheinlich die ganze Nacht Videospiele gezockt«, vermutete Hans. »Da bin ich am nächsten Tag auch immer voll fertig.«

Zora traute ihren Ohren nicht. Begriff denn niemand, dass Benjamin wegen des Schlafmittels, das sie großzügig auf den Zuckerstücken verteilt hatte, friedlich schnarchte? »Idioten!« Ungehalten scheuchte sie Hans und Franz fort. »Los, zack, zack! Weg mit dem Elefanten! Ich muss mich auf die Pressekonferenz morgen vorbereiten!«

Kurz darauf stand ein Lieferwagen vor Zoras Büro. Die Tür war zum Eingang hin geöffnet, so dass niemand bemerken konnte, was Hans und Franz dort taten. Denn eine Seilwinde, die Hans schweißüberströmt bediente, zog nun den schnarchenden Benjamin aus dem Büro ins Wageninnere. Hans ächzte und stöhnte. »Der Elefant ist zu fett!« Genervt forderte er Franz auf: »Du musst schieben!«

»Wieso ich?« Trotzig verschränkte Franz die Arme.

Hans erklärte: »Weil ich besser im Kurbeln bin.«

Leise vor sich hin nörgelnd stemmte Franz sich gegen Benjamin und bemühte sich den Elefantenberg in den Wagen zu schieben.

Da piepte es plötzlich. Hans bekam eine Message und ließ unvermittelt die Kurbel los, um sein Smartphone hervorzuholen. Das Seil schnellte zurück und damit auch Benjamin – und im nächsten Augenblick lag Franz unter ihm begraben.

»Autsch!« Genervt versuchte er sich unter dem

weiter friedlich schlummernden Benjamin hervorzuwinden.

Hans schien das alles egal zu sein. Begeistert zeigte er Franz das Foto, das er gerade geschickt bekommen hatte. Darauf war ein Mops im Piratenkostüm abgebildet. »Zieh's dir rein: ein Piratenmops! Wie geil ist das denn?!«

Franz funkelte Hans böse an. Doch als er das Foto sah, musste auch er lachen. »Mega!« Endlich konnte er unter Benjamin hervorkriechen. Mit vereinten Kräften versuchten sie nun wieder den Elefanten in den Wagen zu befördern.

KÖNNEN MENSCHEN UND ELEFANTEN FREUNDE SEIN?

Otto war den ganzen Vormittag über ziellos durch Neustadt gestromert. Was sollte er jetzt tun? Seine Eltern anrufen, damit sie ihn abholten? Das wollte er nicht.

Mit einem Mal fielen ihm Benjamins Worte ein: »Da kann uns nur einer helfen …«

Kurze Zeit später stand er vor Walter Weiß' Haus. Der ehemalige Agent hatte ja gesagt, es sei höchst selten, dass ein Mensch und ein Elefant befreundet waren. Dafür hatte er bestimmt Gründe.

Otto gab sich einen Ruck und trat durch die seltsamerweise nur angelehnte Eingangstür ins Haus. In der Geheimkammer werkelte Walter Weiß an einem Gerät mit vielen Drähten und schenkte Otto kaum Beachtung.

»Hallo. Woran arbeiten Sie da?«, fragte Otto.

In diesem Moment explodierte das Gerät. Walter drehte sich zu Otto um.

»Ja, äh, das ... ist ... äh ... kaputt ...«, stotterte er. Erst jetzt bemerkte er Ottos trauriges Gesicht. »Und die Zack? Hast du da was Neues herausbekommen?«, fragte er.

Otto zuckte mit den Achseln. »Bringt doch eh alles nichts.«

Walter musterte ihn wissend. Dann nahm er einen Stock zur Hand und erklärte: »Pass mal auf, guck mal. Das hier ist kein normaler Spazierstock.«

»Aha«, murmelte Otto und starrte zu Boden.

»Siehst du diese kleine Öffnung?« Walter deutete auf das Ende des Stocks, der von innen hohl war.

»Mhm ...« Otto guckte weiter auf seine Füße.

»Jetzt schau doch mal genau hin«, forderte Walter ihn auf. Er hob den Stock, zielte – und im nächsten Augenblick schoss ein Pfeil heraus, schnellte haarscharf an Otto vorbei und traf eins der Fotos an der Wand.

»Okay«, sagte Otto teilnahmslos.

Walter sah ihn scharf an. »Was ist denn bloß los mit dir?«

Otto seufzte. »Ich denk grad so ... über Freundschaft nach.«

Walter Weiß verstand, was Otto meinte. »Benjamin?«

Otto nickte. »Er ist ein Elefant!«

Walter lächelte. »Ach was!«

»Er glaubt alles, was man ihm sagt! Hauptsache, es gibt Zuckerstückchen!«, schimpfte Otto.

»Zu viel Misstrauen ist ja auch manchmal nicht gut!«, gab Walter zu bedenken. Otto blickte ihn nachdenklich an.

»Und weißt du«, fuhr Walter fort.

»Ich war früher ständig unterwegs. Missionen überall auf der Welt. Jede Menge Begegnungen ...« Walter lächelte kurz bei dieser Erinnerung. »Aber einen richtig guten Freund«, beendete Walter schließlich seine Ausführungen, »habe ich nie gehabt.«

Otto verschränkte seine Arme. »Dann haben Sie also keine Ahnung davon.«

Walter nickte nachdenklich. »Aber hat man nicht sowieso immer mal Ärger mit seinen Freunden? Egal ob es ein Elefant ist oder nicht? Kommt doch vor, oder?«

Walters Worte gaben Otto zu denken.

Schnell lief Otto zum Zoo, wo ihm der Lieferwagen von Hans und Franz entgegenkam. Otto sah, wie schwer der Lieferwagen aufsetzte, als er über eine Schwelle fuhr.

Doch wo war Benjamin? In seinem Haus fand sich keine Spur von ihm. Karl erzählte, dass er ihn das letzte Mal gesehen habe, als er zu Zora Zack rüberging.

Otto fiel es nicht leicht, zu Zora zu gehen, um nach Benjamin zu fragen. Finster schaute er sie an.

»Oh, hat er dir gar nichts gesagt?«, fragte Zora überrascht.

»Wie, was gesagt?«, entgegnete Otto.

Zora zog ihre Schultern hoch. »Also nicht. Na ja, kein Wunder. Er ist weg!«

Otto starrte sie an. »Weg?«

Zora nickte. »Weg, futschikato, von dannen gezogen, für wer weiß, wie lange, vielleicht für immer? Er brauchte eine Auszeit.«

Otto schüttelte ungläubig den Kopf. »Nee!«

»Nun, er war schon sehr enttäuscht.« Grinsend beugte sie sich zu ihm herunter und hauchte: »Wie war das noch? Ach ja: Menschen und Elefanten können keine Freunde sein?«

BENJAMIN, WO BIST DU?

In Ottos Kopf herrschte ein großes Durcheinander. Stimmte es womöglich doch, was Zora behauptet hatte? War Benjamin einfach fortgegangen?

Herr Tierlieb, Karla Kolumna und Karl konnten das nicht glauben.

»Niemals! Ich kenne meinen Benjamin!«, sagte Herr Tierlieb überzeugt.

Aber wo war Benjamin? Der Zoowärter spielte Gitarre und sang seinen Benjamin-Song, um die Zoobesucher auf Benjamins Verschwinden aufmerksam zu machen.

Herr Tierlieb und Otto verteilten Zettel in Neustadt mit einem Suchaufruf. Und Karla Kolumna versuchte im Rathaus ihr Glück. Doch der Bürgermeister und Pichler waren nicht da. Und niemand hatte Benjamin gesehen.

In der Nacht schlief Otto unruhig. Zu sehr beschäftigte ihn, was passiert war. Der Streit mit Benjamin, der Besuch bei Walter Weiß, wie er zurück in den Zoo gelaufen und ihm der Lieferwagen mit Hans und Franz entgegengekommen war und wie dieser scheppernd aufgesetzt hatte ...

Otto schlug die Augen auf.

Moment mal!

Aufgeregt klopfte er kurz darauf an Herrn Tierliebs Haustür. Karl öffnete. Er trug einen Schlafanzug und war ziemlich verwundert, was Otto so früh am Morgen wollte. Hinter ihm tauchte Herr Tierlieb auf, ebenfalls im Schlafanzug.

Otto rief aufgeregt: »Ich glaub, Benjamin war in dem Lieferwagen von Hans und Franz. Da war was Schweres drin! Erst hab ich mir nichts dabei gedacht, aber jetzt bin ich mir sicher!«

Karl zögerte. »Augenblick mal. Das kann doch alles Mögliche gewesen sein.«

Doch Herr Tierlieb vertraute Otto. »Gute Freunde spüren so was!«

Jetzt war auch Karl überzeugt, dass sie dem nachgehen sollten. Schnell zog er sich etwas über und ging mit Otto zu Zora Zacks Büro.

Dort war alles noch ganz ruhig. Von Zora, Hans und Franz keine Spur. Vor der Tür stand der Lieferwagen. Das Fenster der Vordertür stand einen Spalt offen. Schnell zog Karl eine Zange aus seiner Arbeitshose und versuchte den Verriegelungsknopf damit nach oben zu ziehen.

In diesem Moment kamen Hans und Franz in ihrem Golfmobil aufs Büro zugefahren.

»Mist!« Hastig versteckten sich Otto und Karl hinter dem Lieferwagen und beobachteten, wie Zoras Gehilfen hielten und ausstiegen.

Franz streckte sich stöhnend. »Ohhh! Mein Rücken killt mich, Dicker!« Offenbar hatte er dolle Rückenschmerzen.

»Kein Wunder!«, erklärte Hans. »So 'n Dickhäuter bringt bestimmt 'ne halbe Tonne auf die Waage!«

Otto schaute grimmig. Mit »Dickhäuter« meinten sie ganz sicher Benjamin!

Kaum waren Hans und Franz im Büroinnern verschwunden, machte sich Karl wieder an der Wagentür zu schaffen – und diesmal gelang es ihm, sie zu öffnen.

Otto schlich zur Hecktür, die zum Glück unverschlossen war. Vorsichtig öffnete er sie und lugte hinein. Benjamin war nicht in dem Wagen. Aber dafür entdeckte etwas anderes auf der Ladefläche ... Benjamins rote Mütze!

Karl fischte währenddessen aus dem Fußraum des Führerhäuschens eine Pommestüte vom Imbiss »Albatros« hervor, in der noch ein Rest Mayo steckte. Zufrieden murmelte er: »Bingo!«

Er lief damit zu Otto, der ihm Benjamins Mütze präsentierte. Karl pfiff leise und zeigte ihm sein Fundstück.

»Wow, Müll!«, kommentierte Otto die Pommestüte und schaute ungläubig, als Karl nun seinen Finger darin versenkte und von der Mayo probierte.

»Die Mayo ist noch ganz frisch«, klärte Karl ihn auf. »Die müssen die gerade erst gekauft haben.«

Otto wurde plötzlich hellwach und las die Aufschrift auf der Tüte. »Imbiss Albatros.« Erschrocken blickte er Karl an. »Der ist doch im Hafen!«

DANN GUTE NACHT

Während Karl und Otto sich in Karls altem Futterwagen auf den Weg zum Hafen machten, schloss sich Herr Tierlieb den Bürgern und Bürgerinnen Neustadts an, die sich schon am frühen Morgen vor dem Zoo versammelten und riefen: »Wo ist Benjamin?! Benjamin Blümchen gehört in den Zoo!«

Die Rufe drangen bis tief in den Zoo hinein, wo Zora Zack mit finsterer Miene vor ihrem Büro stand. Neben ihr Hans und Franz, die ihren schnittigen Sportwagen putzten. »Wir haben dich gewarnt, Zora«, sagte Hans.

Etwas raschelte in dem üppigen Grün neben dem Büro. Es waren der Bürgermeister und sein Sekretär, die sich in den Büschen versteckt hielten. Zora, gefolgt von Hans und Franz, lief zu ihnen.

»Ein ziemlich ungewöhnlicher Ort für eine Besprechung«, bemerkte Zora spitz.

»Ich kann mich ja nirgendwo mehr sehen lassen. Totaler Aufruhr wegen Herrn Blümchen! So was gehört doch verboten!«, sagte der Bürgermeister und schaute Zora wütend an. »Ihr Vorschlag war, hier alles effizienter zu machen und Raum zu

schaffen für hübsche, neue Wohnungen! Und jetzt ...« Er fuchtelte mit den Armen. »Pichler, jetzt sagen Sie doch auch mal was Vernünftiges!«

»Ja ... äh ... also Sie wissen ja, was das, also negative Presse ... für Auswirkungen haben kann«, stotterte Herr Pichler.

Der Bürgermeister nickte. »Wer wird mich da denn noch wiederwählen?«

»Wer Sie wiederwählen wird?«, gab Zora Zack empört zurück. »Die dankbaren Neustädter natürlich, denen Sie einen tollen neuen Zoo und tolle neue Wohnungen ...«

»Schluss!« Der Bürgermeister fiel ihr energisch ins Wort.

Herr Pichler war das Verhalten seines Chefs sichtlich peinlich. »Er will damit sagen ...«

»... dass hier endlich mal wieder Ruhe einkehren soll, verstanden?!«, unterbrach der Bürgermeister ihn. »Ich will nur noch positive Nachrichten über den Zoo – und vor allem über mich!« Drohend trat er einen Schritt auf Zora zu. »Und wehe, Sie haben mit dem Verschwinden von Herrn Blümchen etwas zu tun! Dann können Sie Ihren Vertrag mit der Stadt sowieso vergessen. Pichler, Abmarsch!«

Der Bürgermeister und sein Sekretär zogen durchs Gebüsch wieder von dannen.

»Hey, gechillt! Wir holen Benjamin einfach zurück!«, sagte Hans.

Zora schüttelte den Kopf. »O nein! Das Schiff legt um zwölf Uhr ab. Und dann ist hier Ruhe im Karton!«

»Äh ... wie jetzt?«, fragte Hans.

»Ja, wie?«, wollte auch Franz wissen. Beide schauten sie verdattert an.

Bei Hans fiel langsam der Groschen. »Du willst ihn wegschaffen?«

»Mit dem Schiff?«, begriff jetzt auch Franz.

Zora funkelte sie wütend an. »Was habt ihr Idioten denn gedacht? Dass er sich im Containerhafen nur ausruhen soll?« Sie grinste hämisch. »Benjamin wird schon bald einem reichen Sammler aus China gehören. Mal sehen, ob es ihm da besser gefällt.«

Wütend kämpfte sie sich durch das Grün zurück zu ihrem Büro und rief dabei: »Anfänger! Alles Anfänger!«

Hans und Franz sahen sich schockiert an. So etwas hätten selbst sie ihrer Chefin nicht zugetraut. Kleinlaut folgten sie ihr.

Da schälte sich eine Gestalt aus den Büschen hinter ihnen heraus. Es war Walter Weiß, der mit einem Aufnahmegerät im Gebüsch lauerte. Er hatte alles mit angehört und mitgeschnitten.

ZUCKERSTÜCKCHEN SEI DANK

Otto und Karl erreichten endlich den Neustädter Hafen. Aufgeregt zeigte Otto auf eine kleine Bude gleich am Kai: den Imbiss Albatros.

Otto lief zu dem Imbissverkäufer. »Hallo! Waren zwei Männer bei Ihnen? Einer groß, einer eher klein, schräge Vögel, mit Bärten ...«

»So pseudocoole Typen mit bescheuerten Klamotten?«, fragte der Verkäufer.

Otto nickte. »Ja, genau, und hatten die 'nen Elefanten dabei?«

Der Verkäufer grinste. »So 'n grauen, dicken mit großen Ohren und Rüssel?«

»Ja!« Otto schaute ihn hoffnungsvoll an.

Doch der Verkäufer schüttelte nun den Kopf. »Mensch, Kleiner, du hast echt Fantasie! Aber jetzt geh mal woanders spielen; ich muss noch arbeiten!«

Enttäuscht wandte sich Otto zu Karl. Wäre ja auch zu einfach gewesen!

»Otto! Karl!« Karla Kolumna war mit ihrem Motorroller schneller zum Hafen gelangt als sie. Offenbar hatte sie schon etwas herausgefunden.

An einem der Imbisstische stand ein etwas finster aussehender Hafenarbeiter, der alles interessiert mit angehört hatte. Schnell griff er sein

Handy, wählte und murmelte ins Telefon: »Hallo? Ja, ich sollte Sie doch anrufen, wenn ...« Er hielt kurz inne und lauschte. Dann nickte er. »Ja, verstehe. Ich kümmere mich darum.«

Otto und Karl folgten Karla, die eilig mit ihrem Motorroller in Richtung Containerhafen fuhr und dort hielt. »Nun, ich habe mich gefragt, wo könnte man hier im Hafen einen Elefanten verstecken?«

Ottos Blick fiel auf die unzähligen Container, die sich dort stapelten. »Ja, klar! In einem Container!«

Karl nickte. »Tja, nur in welchem?«

»Der kann hier überall sein!«, stellte Karla fest.

Otto, Karl und Karla teilten sich auf und irrten durch die unübersichtlichen Gassen zwischen den Containern.

»Herr Blümchen?«, rief Karla Kolumna.

»Benjamin?«, rief auch Otto. Er rannte atemlos durch die Containergänge, die sich alle ähnelten. Wie sollten sie Benjamin hier bloß finden?

Da hörte er etwas. Etwas Leises. Er folgte dem Geräusch. Na klar, da schnarchte doch jemand! Und dieses Schnarchen kam ihm verdammt bekannt vor. »Benjamin!«

Das Schnarchen drang aus einem roten Container. Es war so gewaltig, dass jedes Ausatmen die Lüftungsklappe zum Flattern brachte. So konnte nur Benjamin schnarchen.

In diesem Augenblick näherte sich der Hafenarbeiter vom Imbiss dem Container. Er war in Begleitung eines anderen Mannes. Die beiden schienen irgendetwas zu suchen. Hastig versteckte

sich Otto auf einem Container. Der Mann stand direkt unter ihm und sah sich misstrauisch um. Schnell zog Otto seinen Kopf zurück und hoffte inständig, dass er nicht entdeckt wurde. Zum Glück lief der Mann weiter.

Erleichtert atmete Otto aus und kletterte hinunter. Mit aller Kraft zog er an dem Riegel der Containertür. Endlich ging sie auf.

Tatsächlich! Da lag Benjamin neben ein paar gestapelten Frachtkisten.

Otto rüttelte ihn. »Benjamin!«

Verwirrt schlug Benjamin die Augen auf. »Otto?«

»Geht's dir gut?«, fragte Otto besorgt.

Benjamin gähnte. »Ja. Bin nur furchtbar müde.«

»Dann schlaf dich doch mal richtig aus! Ihr habt nämlich 'ne lange Reise vor euch«, hörten sie eine Stimme. Der Hafenarbeiter stand grinsend in der Tür. »Schönen Gruß von Zora Zack!« Er knallte die Tür zu und schloss den Riegel von außen.

Erschrocken sah Benjamin Otto an. »So was Blödes.«

Otto nickte. »Das kannst du laut sagen!«

»So was Blödes!«, rief Benjamin nun.

Seufzend zog Otto Benjamins rote Mütze aus seinem Rucksack und reichte sie ihm. »Danke«, murmelte Benjamin kleinlaut. Was sollten sie jetzt tun?

Da gab es einen jähen Ruck und der Container begann zu schwanken.

Offenbar wurden sie von einem Kran in die Höhe gezogen und irgendwo draufgeladen.

»Was ist denn jetzt los?«, rief Benjamin.

»Keine Ahnung! Aber hörst du das?«, fragte Otto. Ein lautes Tuten dröhnte dumpf durch die Metallwände.

»Ich glaube, wir sind auf einem Schiff«, erkannte Benjamin.

Otto nickte mit unheilvoller Miene. »Glaub ich auch.«

»Und wohin fahren wir?«, wollte Benjamin wissen.

»Wir fahren nirgendwohin!« Otto sprang auf. »Wir müssen hier raus und den Zoo retten!«

Benjamin nickte. »Alles klar, das machen wir! Nur wie?«

Hastig sah Otto sich um. Sein Blick fiel auf ein kleines Lüftungsgitter. »Benjamin! Da! Kannst du das rausdrücken?«

»Hoho. Kein Problem!« Benjamin drückte mit der Hand gegen das Lüftungsgitter, bis es herausbrach.

Otto nickte anerkennend. »Super, Benjamin!« Er stieg auf eine Kiste und spähte durch die Öffnung ins Freie.

Tatsächlich, sie befanden sich auf einem riesigen Frachter. Unten am Pier sah er Karl und Karla, die sich ratlos umblickten.

Er schrie mit aller Kraft: »Karla! Karl! Kaaaaarl!«

Doch die Maschinen des Schiffs waren zu laut. »Mist, die hören mich nicht!«

Benjamin trat zu ihm. »Lass mich mal.« Er holte tief Luft und schmetterte: »Tööööörööööööö!«

Doch Benjamins Ruf ging im erneuten Tuten des Schiffshorns unter.

Otto sah seinen Freund nervös an. »Keine Chance! Die hören uns nicht. Was machen wir bloß?«

Benjamin dachte angestrengt nach. »Otto, hast du vielleicht noch ein Zuckerstückchen in der Tasche?«

»Was? Benjamin, jetzt ist wirklich nicht die Zeit für Zuckerstückchen«, erwiderte Otto.

Benjamin machte eine beruhigende Geste. »Otto! Vertraust du mir?«

Otto sah ihn überrascht an. »Äh, klar, ich meine, ja, natürlich vertrau ich dir.«

Benjamin lächelte und Otto zog ein Zuckerstückchen aus der Hosentasche. Mit fragender Miene reichte er es Benjamin. Der griff es mit seinem Rüssel und steckte diesen durch die Öffnung des Containers.

»Zielen musst du«, wies Benjamin Otto an. »Ich seh leider nichts.«

Jetzt verstand Otto, was Benjamin vorhatte. »Benjamin, du bist genial!«

Otto spähte durch die Öffnung. Dann gab er das Kommando: »Jetzt!«

Benjamin holte Luft und schon schoss das Zuckerstückchen aus seinem Rüssel. Es flog auf Karl zu und traf ihn im Nacken.

»Irgendwas hat mich getroffen.« Karl schaute sich suchend um.

»Wie, getroffen?«, fragte Karla.

»Am Kopf, einfach so«, antwortete Karl.

Auch Karla sah sich um. Da lag etwas. »Komisch! Das ist ja ... ein Zuckerstückchen!«

Karl und Karla schauten sich an und riefen wie aus einem Mund: »Benjamin!«

Aufgeregt blickten sie um sich und Karla entdeckte oben auf dem Frachter den Container, aus dem Benjamins Rüssel lugte. Daneben tauchte Otto auf, der ihnen zuwinkte.

»Otto ist bei Benjamin?« Alarmiert schaute Karl Karla an. »Das Schiff legt gleich ab!«

»O nein! Wir müssen es aufhalten!«, rief Karla.

Ihr Blick fiel auf den Hafenmeister, der ein Megafon in der Hand hielt, und sie rannte zu ihm. »Stoppen Sie sofort dieses Schiff!«

Der Hafenmeister sah sie entgeistert an. »Was? Auf gar keinen Fall!«

»Es befindet sich ein Entführungsopfer an Bord!«, rief Karla. »Vertrauen Sie mir, ich bin Reporterin!«

An Deck des auslaufenden Frachters stand der chinesische Kapitän zusammen mit einem Matro-

sen. Sie gingen eine Liste durch, als sie plötzlich eine Stimme durchs Megafon rufen hörten.
»Stopp! Legen Sie nicht ab!«

Überrascht entdeckte der Kapitän unten im Hafen den Hafenmeister, Karl und Karla.

»Sie haben ein Entführungsopfer an Bord!«

Der Matrose übersetzte für den Kapitän ins Chinesische. Karla wiederum beschrieb dem Hafenmeister, wie das Entführungsopfer aussah.

»Er ist groß ...«

Der Hafenmeister rief: »Er ist groß!«

Karla beschrieb weiter: »Dick!«

Der Kapitän schaute überrascht, als der Hafenmeister auch dies wiederholte: »Dick!«

»Und hat einen Rüssel«, wies Karla weiter an.

Der Hafenmeister nickte und sprach ins Megafon: »Und hat einen ...?«

Erst jetzt wurde ihm bewusst, was Karla da gesagt hatte, und er schaute sie verwirrt an. »Einen Rüssel?«

Karla nahm ihm das Megafon aus der Hand und brüllte hinein. »Ja, einen Rüssel!«

Der Kapitän gab endlich den Befehl, das Schiff zu stoppen.

Otto und Benjamin atmeten erleichtert auf. Ein Glück!

Benjamin sah Otto an. »Du, Otto? Bin ich jetzt eigentlich noch dein Freund?«

Otto schüttelte den Kopf. »Nö!« Und fügte dann grinsend hinzu: »Du bist mein allerbester Freund!«

Die beiden fielen sich erleichtert in die Arme. Otto murmelte: »Tut mir leid, was ich gesagt hab.«

Benjamin nickte. »Mir auch. Und diese gemeine Frau Zack kann was erleben!«

»Ich hoffe nur, dass wir nicht zu spät kommen«, sagte Otto besorgt.

AUF NIMMERWIEDERSEHEN

Tatsächlich war die Pressekonferenz schon in vollem Gang.

Zora Zack saß mit Hans und Franz auf dem Podium. Sie klärte die Reporter, Fotografen und Gäste über Benjamins Verschwinden auf und bedauerte scheinheilig: »Und weil wir leider, leider nicht wissen, wo sich Herr Blümchen gerade aufhält, steht er als Markenzeichen des Zoos nicht mehr zur Verfügung.«

Herr Tierlieb, der neben dem Bürgermeister und Pichler im Publikum saß, stand empört auf. »Das stinkt doch zum Himmel! Benjamin würde den Zoo niemals im Stich lassen!«

Zora sprach ungerührt weiter zu den Reportern. »Aber ich versichere Ihnen: Auch ohne ihn wird der neue Zoo eine Bereicherung für die Bürger und Bürgerinnen Neustadts!« Sie stand auf. »Und nun kommen wir zu dem Punkt, der die grandiose Zukunft des Zoos endgültig besiegeln wird. Herr Bürgermeister, darf ich bitten.«

Der Bürgermeister schritt mit Zora zu einem Tisch, auf dem der Vertrag lag – bereit zur Unterschrift.

Im Hintergrund stand der Kran, dessen Abrissbirne mit einem Band zurückgebunden war. Sie zielte direkt auf Karls Haus.

Die Fotografen rückten näher, um diesen Moment festzuhalten. Zora reichte dem Bürgermeister den Stift.

Da ließ sie ein lautes Törööö! aufschrecken. Karla und Benjamin auf dem Motorroller sowie Karl und Otto in Karls Futterwagen fuhren mit quietschenden Reifen auf den Platz.

»Los, unterschreiben Sie!«, mahnte Zora den Bürgermeister.

»Unterschreiben Sie nicht!«, rief Karla und bremste direkt vor ihnen.

Otto sprang aus Karls Wagen. »Frau Zack hat Benjamin betäubt und entführt!«

Zora Zack lachte auf. »Blödsinn!«

»Kein Blödsinn! Mit Zuckerstückchen hat sie mich betäubt«, widersprach Benjamin.

»Sie hat seine Schwäche für Zuckerstückchen schamlos ausgenutzt«, rief Otto.

»Wollen Sie die Zukunft des Neustädter Zoos in die Hände einer Verbrecherin legen?«, gab Karla zu bedenken.

»Ha! Sie haben keine Beweise, keine Beweise, nix, nix, nix!«, rief Zora wütend.

Da ertönte über die Zoolautsprecher Walter Weiß' Stimme. »Äh, also, wo muss man denn hier drücken, Frau Meier?«

»Herr Weiß, man kann sie längst hören. Sprechen Sie!«, klärte ihn die Kassenwartin auf.

Walter Weiß räusperte sich. »Ach so, ach ja. Also: Die folgende Aufnahme beweist die bösen Machenschaften von Frau Zack. Das Spiel ist aus!«

Zora Zack sah zu Hans und Franz, die ahnungslos die Schultern hoben.

Über die Lautsprecher ertönten jetzt einige Papageienstimmen, die Walter mit seinem Gerät aufgenommen hatte.

Zora Zack lächelte triumphierend. »Das soll ein Beweis sein? Lächerlich!«

Doch plötzlich konnte man Hans' Stimme hören. »Hey, gechillt! Wir holen Benjamin einfach zurück und ...«

»Cool, das bin ja ich!«, freute sich Hans.

»O nein! Das Schiff legt um zwölf Uhr ab. Und dann ist hier endlich Ruhe im Karton! ... Was habt ihr Idioten denn gedacht? Dass er sich im Containerhafen nur ein bisschen ausruhen soll? Benjamin wird schon bald einem reichen Sammler aus China gehören. Mal sehen, ob es ihm da besser gefällt«, dröhnte nun Zora Zacks Stimme aus den Lautsprechern.

Selbst der Bürgermeister war fassungslos. »Damit hab ich nichts zu tun!«

Wütend fuhr Zora Hans und Franz an. »Los, ihr Taugenichtse. Beginnt mit dem Abriss!«

Aber die beiden schüttelten die Köpfe. »Nö. Keinen Bock.«

Empört fuhr Zora sie an. »Zack, zack! Sonst werdet ihr gefeuert!«

»Kannst du nicht«, widersprach Franz.

Hans pflichtete ihm bei. »Wir kündigen!«

»Alles muss man alleine machen!« Schnaubend lief Zora zum Bagger mit der Abrissbirne. »Ha! Wer zuletzt lacht!«

»Frau Zack will die Abrissbirne lösen!«, rief Benjamin erschrocken.

Otto rannte zum Golfmobil von Hans und Franz, in dem noch das Betäubungsgewehr lag, schnappte sich einen Pfeil und warf ihn Benjamin zu. Der fing ihn mit seinem Rüssel auf und schleuderte ihn weiter auf Zora Zack.

Doch Zora wich geschickt aus und konnte die Abrissbirne trotzdem lösen. Der Pfeil traf den Arbeiter, der in der Kabine des Baggers saß und nun nicht mehr in der Lage war, die Abrissbirne zu lenken. Unkontrolliert schwirrte sie durch die Menge, haarscharf an Karls Haus vorbei – und direkt auf den Bürgermeister und Pichler zu. Die beiden gingen gerade noch rechtzeitig in Deckung.

Die Kugel schwang zurück, diesmal direkt auf Karls Haus zu. Doch da stellte Benjamin sich ihr mit seiner ganzen Elefantenkörpermasse entgegen und brachte die Kugel zum Stopp.

Zora Zack lachte wütend auf. »Von wegen Neustadt! Verliererstadt! Macht doch mit eurem Zoo, was ihr wollt! Ich hab die Nase voll!«

Hocherhobenen Hauptes rannte sie zu ihrem Sportwagen und sprang hinein. Doch wo war ihr Autoschlüssel? Da sah sie Alfred Affe im Baum sitzen, der vergnügt mit ihrem Schlüssel spielte, den er offenbar gemopst hatte. »Verdammter Affe!«

Im nächsten Augenblick entdeckte sie auf ihrem Beifahrersitz zudem ein Stinktier. Angeekelt schrie Zora auf: »Iiiiiiiiiih!«, und musste laut niesen. »Hatschi!«

»Frau Zack hat die Nase voll«, stellte Benjamin fest und alle lachten.

VIELE TROPFEN AUF DEN HEISSEN STEIN

In den nächsten Tagen und Wochen wurde im Zoo kräftig gearbeitet und renoviert. Viele Neustädter kamen, um mitzuhelfen. Auf dem Spielplatz saß Walter umringt von Kindern und berichtete von seinen Abenteuern.

»Hab ich euch schon erzählt, wie ich einmal mit einem Kajak durch die Kanalisation von Moskau gefahren und auf ein Krokodil gestoßen bin, das so lang war wie ein Eisenbahnwagon?«

Die Kinder lauschten mit großen Augen. Natürlich glaubten sie ihm alles.

Unweit von ihnen führte Karla Kolumna ein Interview mit dem Bürgermeister.

»Bürgermeisterchen, haben Sie aus Ihren Fehlern gelernt oder warum sonst konnten die Neustädter plötzlich bei der Umgestaltung des Zoos mitbestimmen?«

Der Bürgermeister rieb sich die Hände.

»›Fehler‹? Ich muss doch bitten! Das Wohl des Neustädter Zoos lag mir schon immer besonders am Herzen. Dank meiner großzügigen Unterstützung wird nicht nur Wärter Karls Haus renoviert. Auch die neuen Tiergehege und der Spielplatz können nur dank meiner ...«

Da verdrehte selbst sein Sekretär Pichler die Augen.

Auch Benjamin und Otto, die gerade im Affengehege den Kletterbaum wieder aufstellten, schüttelten den Kopf. So ein Schwätzer!

»Ganz schön viele Tropfen auf den heißen Stein!«, nickte Benjamin angesichts der vielen Arbeiten, die gerade im Zoo stattfanden. Otto stimmte ihm zu. Wenn alle zusammen halfen, dann bewegte sich eben doch etwas.

»Ich glaub's nicht!«, rief er plötzlich aus.

Vor ihnen standen Hans und Franz, die genauso gekleidet waren wie Benjamin: blaue Hosen zu roten Jacken und auf ihren Köpfen rote Mützen.

Den Futterroboter von Zora Zack hatten sie zu einer Softeismaschine umgebaut und boten den Kindern Eis an.

»Hey, Dicker! Alter!«, begrüßte Hans Benjamin. »Wie findest du unseren Style? Mega, oder?«

Benjamin lachte. »Hoho. Na, und ob!«

»Jetzt fehlt nur noch eins«, sagte Otto zu Benjamin. »Und niemand kann dir das nochmal verbieten!«

Benjamin verstand sofort, was Otto meinte. Er richtete sich auf und schmetterte voller Inbrunst los: »Törööö!«

Ein Signal für *Karl & The Zoomaniacs*, nun Benjamins ganz speziellen Song zu spielen.

»Benjamin, du lieber Elefant, kannst sprechen und bist überall bekannt ...
Benjamin, wir wollen dich gern sehn, wir fragen uns, was wird wohl heut geschehn?
Benjamin Blümchen, deine Welt ist schön!
Benjamin Blümchen, wir wollen mit dir gehn!

Benjamin Blümchen, wir sagen Hallo!
Wir sind deine Freunde, wir lieben dich so!
Benjamin, wir freuen uns so sehr
auf deine Freunde und natürlich dich!
Benjamin, komm lass uns fröhlich sein!
Wir haben Spaß und keiner bleibt allein!
Benjamin Blümchen, du bist sehr bekannt!
Benjamin Blümchen, du lieber Elefant!
Benjamin Blümchen, wir sagen Hallo!
Wir sind deine Freunde, wir lieben dich so!«

Benjamin rief dazu fröhlich: »Törööö!«

Immer mehr Zoobesucher schlossen sich einer großen Parade durch den Zoo an, die von Benjamin und Otto angeführt wurde. Dabei passierten sie das Lamagehege, in dem Zora Zack ihre gerechte Strafe abarbeitete: bergeweise Lamamist beseitigen. Wütend fauchte sie: »So 'n Mist!«

Da flog etwas über ihre Köpfe. Ein Bündel Luftballons! Und daran hing doch glatt wieder die kleine Mia und sang fröhlich: »Benjamin Blümchen!«

Schon ausgelesen? Hier geht's weiter:

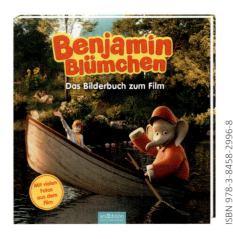

ISBN 978-3-8458-2996-8

Das Bilderbuch zum Kinofilm.
Mit vielen Fotos wird der Kinofilm schon für die Kleinsten spannend nacherzählt!

ISBN 40-14489-11999-9

Das Stickerbuch zum Kinohit rund um den berühmten sprechenden Elefanten.

Mehr Infos zu den Büchern findest du unter **www.arsedition.de**
Newsletter abonnieren: **www.arsedition.de/newsletter**

978-3-8458-2745-2

Das große Mal- und Rätselbuch
mit spannenden Rätseln
und tollen Ausmalmotiven
aus dem Film.

ISBN 40-14489-11880-0

Das Erinnerungsalbum für alle Freunde
mit den bekannten Filmfiguren.

© 2019 KIDDINX Studios GmbH, Berlin
Lizenz durch KIDDINX Media GmbH,
Lahnstr. 21, 12055 Berlin